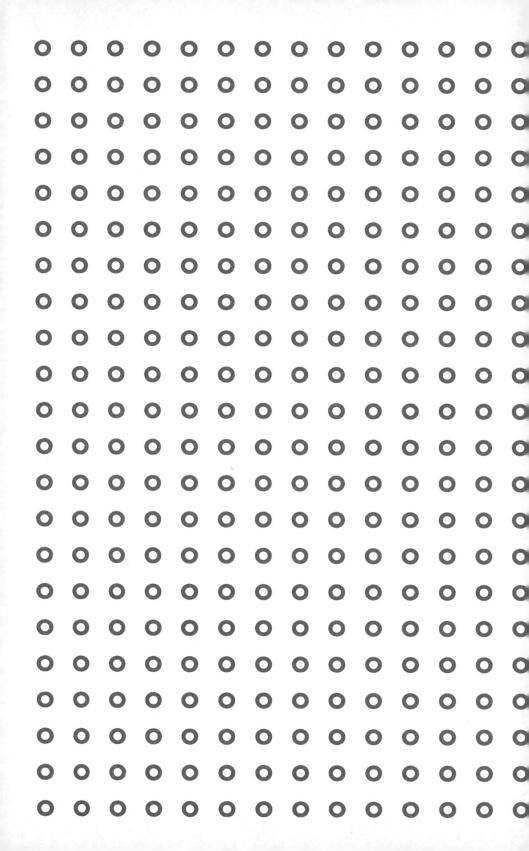

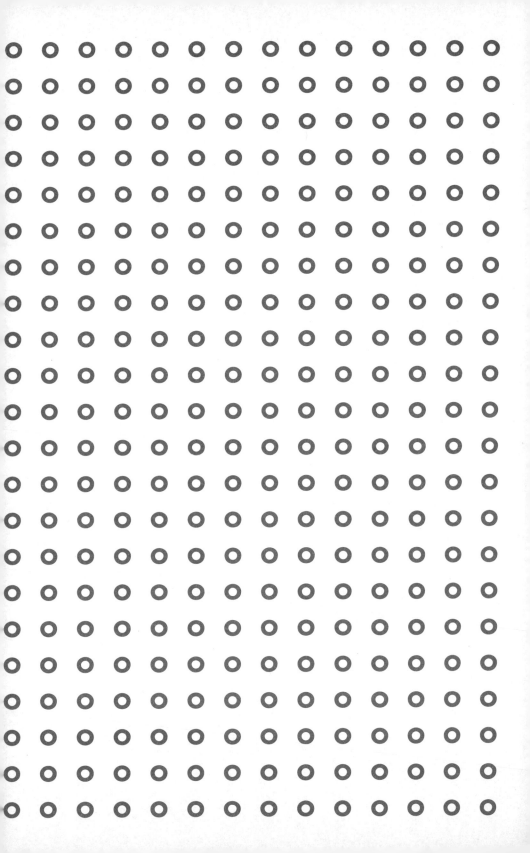

회사남/여

회사남/여

초판 1쇄 발행   2019년 3월 25일

지은이   조세핀 최, 신이지
펴낸이   박상두
편집   이현숙
디자인   구수연
마케팅·제작   박현지, 박홍준

펴낸곳   두앤북
주소   04554 서울시 중구 충무로 7-1, 506호
등록   제 2018-000033 호
전화   02-2273-3660
팩스   02-6488-9898
이메일   whatiwant100@naver.com

값   14,000 원
ISBN   979-11-963592-5-6 03320

이 도서의 국립중앙도서관 출판예정도서목록(CIP)은 서지정보유통지원시스템 홈페이지
(http://seoji.nl.go.kr)와 국가자료종합목록시스템(http://www.nl.go.kr/kolisnet)에서
이용하실 수 있습니다.(CIP제어번호 : CIP2019009970)

우리가 몰랐던 놀라운 팀워크의 비밀

회사남/여

HOW CAN
WOMEN AND MEN
BE ON
ONE TEAM
?

조세핀 최 • 신이지

두북앤

우리가 '하나' 된다면…

19세기 초, 미국에서 그야말로 대박을 친 쇼가 있다. 흑인으로 분장한 백인 남자 둘이 흑인들의 모습을 희화화하여 만든 일명 '짐 크로 쇼'에 사람들이 열광적으로 호응한 것이다. 이후 짐 크로는 흑인을 조롱하는 대명사가 되었고, '짐 크로법'을 탄생시키기에 이른다.

남북전쟁 후 흑인들을 차별하기가 어려워진 백인들이 제정한 이 법은 20세기 중반까지 미국 사회 전반에서 무서운 위력을 발휘하며 짐 크로쇼만큼이나 우스꽝스럽고도 말도 안 되는 상황을 연출했다. 버스에 탄 흑인들은 앞자리가 텅 비어 있어도 앉지 못하고 자신들의 지정석(?)을 찾아가야 했고, 화장실이나 식당에서도 백인들과 분리된 공간만 이용해야 했다. 어쩌다 그 공간을 벗어나기라도 하면 "왜 흑인이 여기에 있느냐!"며 백인들의 발길질을 당해야 했다. 학교에서도 흑인 아이들은 백인 아이들과 함께 수업을 받을 수 없었다.

짐 크로법이 이토록 오랜 기간 미국 사회를 지배할 수 있었던 것은 백인들의 차별 행위에 정당성을 부여한 해괴한 논리 덕분(?)이었다.

'분리되어 있지만 평등하다separate but equal.'

이 법은 그럴듯한 논리로 교묘하게 치장된 '합리적 불의'가 얼마나 인간사회의 정의를 왜곡하고 인권을 탄압할 수 있는지를 적나라하게 보여준 대표적 사례라고 할 수 있다.

결국 이 법의 운명은 폐지를 위한 미국인들의 지난한 노력으로 끝나게 된다. 마틴 루서 킹 목사를 비롯한 흑인들의 차별반대 투쟁, 공립학교에서의 인종차별을 금지한 '브라운 대 토피카 교육위원회' 판결, '어느 누구도 정의를 방해하지 말라'는 아이젠하워 대통령의 강력한 대응 등에 힘입어 새로운 시민권법이 제정됨으로써 자취를 감추게 된 것이다. 그리고 미국인들은 최초의 흑인 대통령 버락 오바마, 희대의 전쟁 영웅 콜린 파월, 팝의 황제 마이클 잭슨, 세계인들을 울리고 웃긴 토크쇼의 여왕 오프라 윈프리와 더불어 새로운 역사를 써내려갈 수 있었다.

우리는 어떤가? 과거의 미국과 같은 인종차별은 아니더라도 온갖 형태의 갈등과 보이지 않는 차별이 우리 사회의 발목을 붙잡고 있다. 해결이 시급한 과제가 산더미 같은데도 불필요한 대립과 충돌에 소중한 에너지를 낭비하고 있다.

갈등의 양상은 폭넓고 복합적이다. 진보와 보수의 이념갈등, 영남과 호남으로 대표되는 지역갈등도 여전하고, 도시와 농촌 간의 갈등도 만만치 않다. 여기에 기성세대와 젊은 세대의 갈등이 겹쳐지고, 남성 중심의 사회에서 잠복해 있던 남녀 사이의 젠더gender 갈등은 급기야 서로를 '혐오'하는 수준에까지 이르렀다. 이제는 이러한 갈등들이 사회의 근간을 뒤흔들 정도의 위험성을 내포한 채 언제 터질지 모르는 시한폭탄이 되어가고 있다.

그런데도 우리는 여전히 '싸움' 중이다. 갈등을 야기한 본질적 원인과 해법에 대한 생산적 논의와 건설적 합의를 이끌어내지 못한 채 서로를 비난하며 불만을 토로하기에 바쁘다. 어떻게 하면 좋을까?

이 책은 우리가 당면한 문제들 중에서 '남녀관계'에 주목한다. 특히 회사의 남녀관계를 중점적으로 다룬다. 함께 일하는 공간에서 남녀의 차이가 어떻게 갈등으로 번지고, 그동안 조직에서 공공연히 혹은 비밀리에 진행된 왜곡과 차별의 프레임이 무엇인지 그 실체를 낱낱이 밝힌다.

하지만 이 책의 목적은 문제의 실상을 드러내는 데 있지 않다. 회사의 남녀가 서로를 대해왔던 생각과 태도에 숨어 있는 뿌리 깊은 인식을 근본적으로 전환할 수 있는 발판을 마련하기 위해 이 책을 쓴 것이다. 이를 통해 어렵고도 미묘한 남녀관계의 벽을 허물고 서로의 차이를 장점으로 승화시켜 이제껏 우리가 경험하지 못한 새로운 조직, 활력이 넘치는 분위기, 놀라운 성과를 창출하는 팀워크를 완성하는 데 도움이 되고자 한다.

이 책은 크게 픽션과 논픽션으로 이루어져 있다. 회사에서 일어날 법한 일들을 중심으로 남직원들과 여직원들 사이의 긴장과 대립, 화해를 그린 픽션은 당면한 위기를 넘어 세상에서 가장 강한 조직이 탄생하는 과정을 현실감 있게 보여준다. 그 과정에서 같은 사무실의 남녀 직원들이 같은 목표를 달성하기 위해 반드시 알아야 할 것들과 살펴야 할 사항들을 논픽션 부분에 담았다. 픽션과 논픽션으로 나뉘어 있지만, 각각의 부분은 퍼즐조각처럼 서로 연결되어 있다. 그냥 처음부터 끝까지 읽어 내려가도 좋지만, 연결된 부분을 찾아 읽다 보면 보다 효과적인 읽기를 체험할 수 있다.

그리스 철학자 플라톤의 《향연》이라는 책을 보면, 인간은 본래 남녀가 하나였는데 뛰어난 능력을 믿고 오만해진 인간들을 보고 화가 난 제우스 신이 하나의 몸을 둘로 나누어 남녀를 만들었다는 이야기가 나온다.

신화에나 나오는 지극히 상징적인 내용이지만, 책을 쓰면서 그런 생각이 들었다.

'여자와 남자가, 남자와 여자가 하나one team가 된다면 신도 두려워했던 강력한 힘을 발휘할 수 있지 않을까?'

실은 이 책도 남과 여의 합작품이다. 우리가 힘을 모아 완성한 이 책을 통해 세상의 모든 남녀가 더불어 성장하는, '분리되어 있지만 완벽한' 파트너가 되는, 그래서 개인과 조직이 새로운 내일을 여는 실마리를 발견하기 바란다.

끝으로 이 책을 쓰는 데 조언을 아끼지 않은 여성과 남성, 사람들, 시간을 내어준 인터뷰이들에게 감사드린다.

조세핀 최, 신이지

Contents

I.

CARTA DO AMAZONES

아마조네스로부터의 편지

II.

**HOW CAN WOMEN AND MEN
BE ON ONE TEAM?**

우리는 어떻게 원팀이 될 수 있을까?

일러두기

» 이 책에 등장하는 '아마조네스Amazones'는 그리스신화에 나오는 전설의 여성 부족 이름으로 남미가 아닌 현재의 우크라이나 근방에 살았던 것으로 묘사되고 있으며, 그 이름 역시 그리스어로 스페인어나 포르투갈어와는 관련이 없습니다. 단, 글의 맛을 살리기 위해 이름은 그대로 두고 시대와 공간을 15세기 말의 남미 정글 속 어딘가로 이동시켜 묘사한 것을 양해해주시기 바랍니다.

» 이야기의 첫머리에 등장하는 편지 형식의 글은 형인 마르틴 핀슨과 함께 콜럼버스의 신대륙 원정대에 참여해 황금이 넘쳐 흐르는 인도를 찾아 머나먼 여정을 떠났다가 남아메리카대륙을 떠돈 스페인의 유명한 탐험가이자 희대의 몽상가인 빈센테 핀슨의 실화로부터 모티브를 따왔습니다. 이 글과 YG코퍼레이션의 상황은 서로 연결되며, 등장하는 인물들 역시 흥미를 위해 유사한 발음으로 작명했습니다(비센테-배선태, 율리아-윤이화, 표르지오-표지오, 록산느-노옥선 등).

» YG코퍼레이션의 이야기는 특정 기업과 전혀 관련이 없는 가상의 내용입니다. 하지만 에피소드 자체는 책의 집필 과정에서 만난 인터뷰이들과 그들이 일하는 사무실에서 일어난 일들, 저자의 경험을 바탕으로 작성한 100% 사실로, 기업들과 직장인들의 사례를 종합하여 각색한 것입니다.

» 여성을 지칭할 때 '그녀'라는 대명사 대신 남성과 마찬가지로 '그'를 사용했습니다.

» 처음부터 끝까지 이어서 읽어도 좋지만, 하나의 이야기가 끝나고 그와 관련된 내용을 찾아서 읽으면 보다 효과적으로 학습할 수 있습니다(본문에 '관련 내용 000쪽'으로 표시)

I.

아마조네스로
부터의 편지

Carta
do
Amazones

Carta do Amazones

Icosahedron

수상한
아이코서히드런

"저희 비행기는 방금 기내식 서비스를 마쳤습니다. 승객 여러분의
편안한 휴식을 위해 실내 조명을 소등하겠습니다."

승무원의 안내방송과 함께 기내에 불이 꺼지자 배선태 부장은
엉덩이를 앞으로 쭉 빼고 고개를 의자 등받이에 파묻은 채 지긋이 눈
을 감았다. 지난 7박 9일간의 남미 출장에서 쌓인 피로가 새벽의 시
골 저수지에 물안개 피어오르듯 온몸 곳곳으로 파고들기 시작했다.

'아, 정말 쉽지 않은 일정이었어.'

40대 후반의 나이, 남미 3개국을 넘나드느라 비행기와 버스에
헬기, 자가용 택시까지 이용하며 소화한 일정은 결코 만만치 않았
다. 그러나 그의 심신을 더욱 무겁게 만든 것이 있었다. 어제 날짜로

발행된 한국 경제지의 1면을 장식한 기사였다.

'영교상사와 YG패션 통합, YG코퍼레이션YG Corporation으로 새롭게 출범'

두 회사 모두 YG그룹의 계열사로, 영교상사는 창업주의 큰딸이 경영하고 있었고, YG패션은 셋째아들이 이끌어가고 있었다. 따라서 두 기업의 합병이 아주 놀랄 만한 일은 아니었지만, 영교상사의 제품기획팀과 YG패션의 상품개발팀을 통합한 뒤 다시 둘로 나누어 YG코퍼레이션의 개발기획팀과 제품전략팀으로 만들겠다는 의사결정은 그에게 놀라운 일이었다. 왜냐하면 그가 바로 영교상사의 제품기획팀 팀장이었기 때문이다. 이번 결정은 그가, 아직도 식인종이 활보한다는 인도네시아의 어느 섬이건, 호텔 앞마당까지 탄피가 날아오는 중동의 현장이건, 독충들이 우글거리는 아마존의 정글이건 지시만 내리면 언제든지 '예썰Yes, sir!'하며 출동하는 여덟 남자를 거느렸던 팀장에서, 밀라노 패션위크와 뉴욕 매스티지 브랜드의 한국 론칭쇼 현장을 누비며 한 손에는 클러치를, 다른 한 손에는 뵈브 클리코 샴페인잔을 들었던 여직원 다섯이 포함된 9명의 팀원들을 이끄는 팀장이 되어야 한다는 뜻이었다.

배 팀장은 감았던 눈을 살며시 뜨고는 두 번 접어 좌석의 트레이 위에 얹어놓은 신문을 힐끗 쳐다보았다. 영교상사와 YG패션의 두 경영자가 합병 서류에 서명을 마치고 환하게 웃으며 악수를 나누는 사진이 눈에 들어왔다. 배 팀장은 사진을 다시 한 번 자세히 들여다보았다.

'그러면, 그렇지.'

그는 옆자리에 앉아 목 베개는 물론 수면안대까지 차고 이제 막 단잠에 빠져든 덩치 큰 사내의 어깨를 흔들었다.

"표 대리, 표 대리, 일어나봐."

사내는 미동도 없었다.

"표 대리, 잠깐 일어나 보래두?"

배 팀장은 꿈쩍도 하지 않는 사내의 몸을 세차게 흔들며 외쳤다.

"야! 표지오! 임마, 일어나봐!"

목소리가 컸는지 여기저기서 흠흠 하며 헛기침 소리를 냈다. 그제야 표지오 대리는 천천히, 아주 천천히 안대를 벗고 그보다 더 천천히 베개를 목에서 떼어 가슴에 안고는 배 팀장을 빤히 쳐다보았다. 평소에도 배 팀장을 환장하게 만드는 표 대리의 느긋함이었다. 어찌 되었든 지금은 그런 걸 따질 때가 아니었다.

"너, 어제 이메일로 합병되는 회사 조직도 받았다고 했지?"

"네, 인사팀 동기한테서요."

"우리 사장님 승진하시는 거 맞아?"

"네, YG코퍼레이션 대표이사 부회장으로 조직도 맨 위에 있었다니까요. 씨C, 이E, 오O! 딱 이렇게 찍혀서요."

"YG패션 사장님은?"

"뭐, 제아무리 YG패션이 사업을 잘하고 매출이 좋다고 해봐야 동생이잖아요. 바로 밑도 아니고 밑의 밑이던가? 아무튼 경영본부장인가, 운영본부장인가로 우리 사장님, 아니 우리 부회장님 밑에 있었고요. COO 직함으로요."

'그랬구나. 그래서였어.'

배 팀장은 다시 한 번 신문의 사진을 들여다보았다.

사진 속 합병의 주역 중 한 명인 영교상사의 대표이사는 보수적인 가풍의 YG그룹 가문의 딸답지 않게 일찍 회사 경영에 참여하고 싶어 했다. 그러다 보니 어른들로부터는 눈총과 구박을, 남자 형제들로부터는 남모르는 견제와 무시를 받아왔다. 그 모든 것들을 감내하며 현재의 자리에 올라서기 위해 그는 어렸을 때부터 자신의 감정을 숨기는 법을 익혔다.

배 팀장은 그가 부장이었을 때 신입사원으로 입사하여 18년간 줄곧 같은 부서에서 일해왔다. 그가 언젠가 배 팀장, 아니 당시의 배 대리에게 자신의 비밀을 알려준 적이 있다. 상무였던 그에게 처음으로 단독 보고서를 작성해서 올렸다가 완전히 깨진 날이었다. 밤 11시가 넘도록 사무실에서 지적받은 부분을 고치고 있는 그의 어깨를 누군가 툭 쳤다. 조 상무였다. 임원들과 저녁 약속이 있다고 했는데, 회식을 마치고 잠시 사무실에 들른 모양이었다.

"퇴근이 늦네?"

"예…."

"아까는 많이 서운했지? 한눈에 딱 봐도 보고서 작성하는 데 공을 많이 들인 것 같던데."

"…."

그는 반주도 한잔 걸쳤는지 평상시와 다른 친근한 말투로 낮에 보고한 내용의 잘된 부분과 잘못된 부분을 조곤조곤 알려주었다. 그러더니 마지막에 한마디를 덧붙였다.

　"배 대리, 내가 감정 표현이 좀 서툴러. 그래서 조금만 더 노력하면 잘할 친구들이 그 벽을 넘지 못하는 결과물을 가져오면 더 심하게 화를 내게 돼. 반면 마음에는 들지 않지만 그냥 넘어가주는 경우에는 아무리 밝게 웃어도 입꼬리가 아래로 처지지. 배 대리의 보고서는 전자의 경우라서 내가 더 뭐라 했던 거야. 그러니까 너무 낙심하지 말고 오늘은 이만 퇴근하고 내일 나와서 조금 더 보완해봐."

　사진 속 영교상사 대표이사. 이제는 YG코퍼레이션의 대표이사가 된 그는 환하게 웃고 있었지만 묘하게 오른쪽 입꼬리가 아래로 처져 있었다. 그와 달리 그의 동생이자 YG패션 사장은 정말로 세상 모든 것을 다 가진 사람처럼 밝게 웃고 있었다.

"참, 잊어먹기 전에 이거 가져가세요. 엊그제 부장님께서 사신 걸 제가 여태 갖고 있었네요."

　표 대리는 다시 눈을 붙이려다 말고 발 밑에 두었던 손가방에서 무언가를 꺼내 배 팀장에게 건넸다. 연녹색빛이 감도는 낡은 목각조각이었다. 아이코서히드런Icosahedron. 20개의 정삼각형으로 이루어진 정이십면체처럼 생긴 그것은 어른 주먹보다 조금 큰 크기로 각 면에 좁쌀만한 크기의 글씨들이 새겨져 있었는데, 글자의 크기가 워낙 작은 데다 오랜 시간 닳고 없어져 자세히 들여다보지 않으면 좀처럼 읽을 수 없었다.

　"이걸 자네가 갖고 있었나?"

　"예, 부장님이 넣을 데가 없다고 하셔서 제 가방에 넣어뒀었죠.

아까 세관에서 직원이 하도 자세히 살펴보길래 전 이게 무슨 문제가 되나 싶어서 간이 콩알만 해졌어요."

표 대리는 평소답지 않게 호들갑을 떨며 가방을 의자 아래로 집어넣은 뒤 수면안대와 목베개를 다시 차고 본격적인 수면 모드로 들어갔다.

배 팀장은 표 대리가 건넨 정이십면체 목각조각을 손에 들고 만지작거렸다.

출장의 마지막 목적지인 에콰도르의 소도시 코카에서 브라질행 비행기를 타기 위해 프란시스코 데 오레야나 국제공항으로 향할 때였다. 아마존정글 여행의 출발지인 그곳에서 우연히 한 무리의 상인들을 만났다. 숱한 해외출장과 가족여행을 다니면서도 현지 물건이라면 물티슈 하나 사는 것도 아까워하는 성격이었던 배 팀장은 빠른 걸음으로 상인들을 지나쳐 가려고 했다. 그런데 2, 30대의 원주민 상인들에게 밀려나 무리 뒤편에서 어렵사리 호객행위를 하고 있던 50대 후반의 아주머니와 맞닥뜨리고 말았다. 그런데 그가 배 팀장 앞으로 일언반구도 없이 불쑥 두 손을 내밀더니 정이십면체 목각조각을 건네는 것이 아닌가.

"Não necessário! 필요 없습니다!"

늘 그랬듯 배 팀장은 손사래를 치며 그냥 지나치려고 했다. 그런데 길을 막아선 아주머니가 다시 두 손을 내밀며 말했다.

"Por favor, Tomar. 그냥 가져가요."

사라는 것도 아니고 그냥 가져가라며 물건을 손에 안기는 통에 잠시 실랑이가 벌어졌다. 결국 1달러짜리 몇 장을 주고 목각조각을 받아든 배 팀장은 가방을 메고 옆에 서 있던 표 대리에게 맡겼다. 맡겼다기보다 그냥 가지라는 의미였다.

공항 쪽으로 가려던 배 팀장이 갑자기 고개를 돌려 아주머니에게 물었다.

"Esta... Qual é o seu nome? 이건… 이름이 뭡니까?"

아주머니는 그가 물건에 대해 물어보리라는 것을 이미 알고 있었다는 듯 그 자리에 그대로 선 채 이쪽을 빤히 쳐다보고 있다가 말했다.

"Carta do Amazones! 아마조네스로부터의 편지!"

그러고는 씩 웃어 보였는데 그 표정이 왠지 낯이 익었다. 배 팀장 역시 웃음으로 답하며 걸음을 재촉했다.

기내는 완전히 정적에 휩싸였다. 독서등을 켜놓고 책을 읽거나 일을 하던 몇몇 승객도 불을 끄고는 잠을 청하기 시작했고, 배 팀장의 머리맡 불빛만 유일하게 작은 공간을 비추고 있었다. 표 대리의 옅은 코골이 소리를 들으며 배 팀장은 목각조각을 이리저리 살펴보았다.

'아마조네스로부터의 편지라… 아마조네스로부터의 편지라….'

No lo sé 알수없는일

콜럼버스의 부하이자 여덟 사내의 대장이 있었
네. / 그의 이름은 비센테 핀슨. / 그는 대원들과
함께 더 많은 황금을 쫓아 엘도라도를 찾아 나섰
네. / 휙, 어디선가 날아든 화살로 순식간에 부하
넷을 잃은 비센테는 정신을 놓고 말았네.
No lo sé, No lo sé.

합병작업은 눈 깜짝할 사이에 진행되었다. 이상한 점은 흐름이었
다. 매출 규모로 보나 그룹 내 위상으로 보나 배 팀장이 속했던 영교
상사가 YG패션보다 훨씬 더 크고 중심적인 계열사였지만, 실제 합
병작업은 묘하게도 YG패션의 주도로 이루어지고 있었다. 오죽하면
합병의 총괄 실무를 맡았던 영교상사의 경영관리팀 직원들이 합병
업무의 파트너인 YG패션의 경영관리부 직원들을 일컬어 '점령군'
이라고 했을까. 그러나 큰 마찰은 없었다. 영교상사의 제품기획팀
과 YG패션의 상품개발팀을 합한 뒤 다시 YG코퍼레이션의 개발기
획팀과 제품전략팀으로 만드는 작업도 별다른 문제 없이 순조롭게
진행되었다.

배선태 부장이 팀장을 맡게 된 개발기획팀은 배 팀장을 포함하여 모두 10명이 한 팀이 되어 일하게 되었다. 공교롭게도 정확히 남자 다섯에 여자 다섯이었고, 직급 역시 남녀 부장 1명씩, 차장도 1명씩, 사원도 1명씩 딱딱 맞았다. 다만 남자 직원은 대리가 2명인 데 비해 여자 직원은 과장 1명에 대리가 1명이라는 사실이 조금 다른 점이었다.

배 팀장이 출장에서 돌아와 회사에 출근한 월요일은 YG코퍼레이션의 창립일이자, 그가 이끌어갈 개발기획팀 직원들의 첫 출근일이기도 했다.

"자, 함께 일하게 된 팀원들끼리 인사도 나눌 겸, 앞으로 어떻게 일할지 이야기도 할 겸 잠시 회의를 하도록 하지요."

배 팀장의 말에 남자 직원들은 자리에서 벌떡 일어나 바로 다이어리와 필기구를 챙겨서 회의실로 들어갔다. 뒤이어 여직원들이 하나 둘 수첩과 필기구, 머그컵과 생수병 등을 들고 회의실로 향했다. 단 한 사람을 제외하고.

"자, 다 모였나요?"

마지막으로 회의실에 들어선 배 팀장의 물음에 남자 직원들은 이구동성으로 외쳤다.

"네! 다 모였습니다."

그때였다. 가늘고 조그만 목소리가 들려왔다.

"아닌데요… 고 과장님이 아직 안 들어오셨어요."

막내 여직원의 대답이었다. 그 말에 남자 직원들의 표정이 살짝 일그러졌다. 회의실 창가 쪽에 일렬로 앉아 있던 남자 직원들 중 가장 고참인 안두호 차장이 다 들으라는 듯 말했다.

"아니, 부장님께서 회의하자고 말씀하신 게 언젠데 아직도 들어오지 않고 뭐 하는 겁니까?"

그 말에 맞은편에 나란히 앉아 있던 여자 직원들 중 하나가 맞받아쳤다.

"안 들어온 게 아니라 거래처에서 온 전화를 받느라 못 들어오고 있는 건데요?"

그러자 안 차장이 언성을 더 높여 말했다.

"아니, 그게 변명이 됩니까?"

그때 문이 열리며 고미정 과장이 회의실로 들어섰다. 지나칠 정도로 느긋한 표정에 여유로운 몸짓이었다. 그는 걸음을 멈추고 회의실을 한번 휙 둘러보더니 회의실 테이블의 정중앙에 떡하니 자리를 잡았다. 그 자리는 이른바 상석으로 비워두는 자리, 즉 인사말을 하려고 잠시 스크린 앞에 나가 있는 최상급자 배 부장이 돌아올 자리였다.

몇몇 남자 직원이 손짓과 턱짓으로 다른 자리로 가서 앉으라는 신호를 보냈지만, 보지 못했는지 아니면 보고도 무시를 하는 건지 고 과장은 그 자리에 그대로 앉은 채 수첩을 펴고 펜으로 날짜와 시간을 적고는 아무렇지 않게 들고 온 커피를 마셨다. 그 모습을 지켜보고 있던 남자 직원들 중 하나가 퉁명스레 말했다.

"아니, 누구 때문에 회의를 시작도 못 하고 있는데, 너무 느긋하잖아!"

안 차장이었다. 그 말에 고 과장이 들고 있던 머그컵을 신경질적으로 내려놓으며 대꾸했다.

"전화는 이미 와서 받고 있던 거고, 회의는 갑자기 하자고 말씀하신 거잖아요. 약속으로 치면 전화는 선약, 회의는 후약. 선약부터 지키는 게 맞죠!"

그러자 안 차장 옆에 앉아 있던 표 대리가 가세했다.

"전화라고 해봐야 뭐 별로 중요하지도 않은 것 같던데. 거래처 지인이랑 수다 떠는 게 회의보다 더 중요하다는 건가?"

그 말에 이번에는 여자 직원들 중 막내인 오지아가 나섰다.

"고 과장님께서 거래처 지인이랑 통화를 하든 업체 사장님과 통화를 하든 그게 무슨 상관이죠? 어쨌든 회의가 갑자기 잡힌 거고, 고 과장님은 먼저 걸려온 전화를 받고 나서 회의에 참석하신 건데요."

이에 질세라 표 대리 역시 말꼬리를 붙잡았다.

"뭐라고? 고 과장님께서? 아니, 대학 다닐 때 선배들한테 압존법壓尊法도 안 배웠나. 부장님도 계시고 차장님도 계신데, 고 과장님께서라고?"

압존법이라는 말의 뜻을 알지 못한 오지아가 잠시 움찔하고 있는 사이 옆에 앉아서 조금은 시니컬한 표정을 지은 채 창밖을 바라보고 있던 유희아 대리가 말을 이어받았다.

"무슨 군대도 아니고 압존법은…. 그리고 여기 부장님, 차장님만 계시나? 고 과장님보다 아래인 부하, 후배가 훨씬 많구먼!"

그때였다.

"아이씨! 진짜 뭐야. 사람 앉혀놓고 바보 만드는 것도 아니고!

일하다가 갑자기 잡힌 회의에 3분 정도 늦었다고 돌아가며 사람을 병신 만들고 있어!"

고 과장이 갑자기 자리에서 벌떡 일어나 짜증을 내더니 물건을 챙겨 밖으로 나가버렸다. 곧이어 고 과장을 말린다며 유 대리가 자리에서 일어났고, 안 차장과 표 대리 역시 소리를 치면서 회의실은 난장판이 되고 말았다.

의외의 상황에 당황한 배 팀장에게 전 YG패션 상품개발팀장이자 현 YG코퍼레이션 개발기획팀의 차석이 된 윤이화 부장이 다가왔다.

"팀장님과 제가 직원들을 다독이고 나서 오후에 다시 회의를 여는 게 어떨까요?"

나지막한 소리로 조용히 말한 뒤 그 역시 밖으로 나갔다.

졸지에 남자 직원들과 회의실에 남게 된 배 팀장은 고개를 좌우로 가로저으며 말했다.

"No lo sé, No lo sé. 알 수 없는 일이야, 알 수 없는 일."

정말로 알 수 없는 일이었다. 배 팀장은 팔짱을 낀 채 스페인어로 '알 수 없다'는 뜻의 'No lo sé'만 되뇌고 있었다.

> 관련 내용 127쪽

여왕의
전략

Inicio de exploración 탐험의 시작

정신을 차린 비센테의 눈에 여인들의 왕국 아마조네스, 그리고 왕좌에 앉은 조슈아 여왕이 보였네. / 그가 말했네. / "살고 싶으면 나의 아마조네스 전사들과 함께 내가 원하는 보물 3개를 구해오라."

며칠 뒤.

"배선태, 어때? 새로운 팀원들이랑 손발은 잘 맞아?"

조선아 부회장은 비서실장이 밖으로 나가고 배 팀장과 단둘이 남게 되자 편하게 말을 놓았다. 조 부회장 자신이 가장 일을 재미있게 했다고 말한 상무 시절에 막내로 데리고 있어서인지 배 팀장에 대한 애정이 각별해 보였다.

"예, 부회장님. 아직 초기이기는 하지만 다들 잘 어울려서 열심히 해주고 있습니다."

배 팀장은 본의 아니게 거짓말을 했다.

시작도 못하고 파해버린 첫날 첫 회의는 배 팀장과 윤 부장이 각자 데리고 있던 팀원들을 혼내기도 하고 다독거리기도 하며 어느 정도 수습할 수 있었다. 오후에 다시 열린 회의에서는 아침 회의에 늦은 고미정 과장이 배 팀장에게 사과하고, 표지오 대리가 고미정 과장을 포함한 여직원들에게 언성을 높인 잘못을 인정하고 용서를 구하는 것으로 마무리되었다.

문제는 안두호 차장이었다. 사실 이번 소동의 주범이랄 수 있는 안 차장은 끝까지 자신은 잘못이 없다며 버텼다. 오히려 "이번 기회에 여직원들한테 배어 있는 YG패션 시절의 잘못된 관행들을 싹 뜯어고쳐 상명하복할 수 있게 상사맨의 DNA를 주입해야 한다"며 언성을 높였다. 그를 말리느라 애를 먹어야 했던 배 팀장은 그런 속사정을 일일이 조 부회장에게 말할 수 없었다. 더구나 요즘처럼 부쩍 수심이 깊어진 그의 얼굴 앞에서는.

조 부회장은 배 팀장을 앞에 앉혀놓고 차 한 모금을 마시고는 연거푸 한숨을 내쉬었다. 배 팀장이 조심스럽게 물었다.

"부회장님, 혹시 무슨 근심이라도 있으십니까?"

테이블에 놓인 사방화에 시선을 고정한 채 생각에 잠겨 있던 조 부회장이 배 팀장의 물음에 갑자기 뭔가 떠오른 듯 소파에 파묻었던 몸을 일으켜 세우며 말했다.

"어이, 배대빵."

오랜만에 듣는 별명이었다. 배대빵. 대리 시절, 통이 크고 자신감 넘치게 일하는 모습이 꼭 대장 같다며 상무였던 조 부회장이 직접 지어준 별명이었다.

"예, 말씀하십시오."

"아무래도 세호가 나를 몰아내려고 하는 것 같아."

조 부회장의 동생이자 전 YG패션 CEO이며 현재는 YG코퍼레이션의 COO를 맡고 있는 조세호 사장을 가리키는 말이었다.

"상사랑 패션이랑 합병해서 명목상으로는 나를 CEO로 추대하고 자기가 COO를 맡았지만, 올해 안에 나를 퇴진시키고 자기가 CEO 자리를 차지하려는 모종의 작업을 진행하고 있는 것 같아."

익히 소문으로 들었고 돌아가는 판세를 통해 짐작하던 내용이었다. 다만 당사자의 입으로 직접 들으니 조금 놀라웠다. 배 팀장은 조 부회장이 왜 이런 얘기를 자신한테 하는지 궁금했다.

"환갑잔치를 해야 할 날이 멀지 않았으니 이제 물러날 만도 하긴 하지."

지나가는 푸념인가 했는데 아니었다. 조 부회장은 허리를 꼿꼿이 세운 채 말을 이었다.

"하지만… 내 청춘을 다 바쳐서 키워온 우리 영교상사, 아니 우리 YG코퍼레이션을 본 궤도에 올려놓고 더 훌륭한 경영자에게 바통을 넘겨주고 싶어."

뭔가를 단단히 벼르는 듯한 말에 배 팀장은 아무런 대꾸를 할 수 없었다. 조금 전까지 보였던, 수심 가득한 표정으로 한숨을 내쉬던 경영자 조선아는 온데간데없었다. 브라질로, 칠레로, 우루과이로 종횡무진 날아다니며 헬멧을 쓰고 갱도에 직접 들어가 광석들을 맨손으로 만지던 강철 리더, 노회한 퇴직 관료나 갱단과 연결된 지방 호족이 대부분이던 광산주들과 데킬라를 원샷으로 마시며 어려운 계약을 따내 '아마존의 여왕'으로 불리던 여장부 조선아가 있을 뿐이었다.

"회사를 위하고 시장이 원한다면 대표이사 자리에서 물러날 수도 있어. 그런데 지금은 아니야. 내가 물러나더라도 YG를 맡게 될 사람은 조세호가 아니고. 그래서 말인데, 배대빵 자네가 좀 나서줘야겠어."

그 말과 동시에 조 부회장은 주위를 한번 둘러보았다. 그와 동시에 배 팀장이 몸을 앞으로 당겨 앉았다. 예전부터 조 부회장이 뭔가 심각한 얘기나 중요한 지시를 내릴 때마다 습관처럼 보이던 행동이었다.

조 부회장은 앞에 놓여 있던 메모패드 위에 그림을 그리기 시작했다. 세계지도였다. 대충 쓱쓱 그린 것 같지만, 각 대륙의 모습이 정확히 드러나 있었다. 그러고는 그 위에 3개의 점을 찍었다. 중앙아시아에 하나, 중남미 멕시코의 남부에 하나, 그리고 스페인과 모로코가 맞닿은 지점에 하나였다.

"회사를 다시 나눌 거야. 물론 합병한 지 얼마 안 되었으니 실제로 분할하기는 어렵고 회사 내부적으로 조직 운영을 그렇게 하겠다는 거지. 사업 영역과 매출 규모, 향후 시장 전망 등을 고려했을 때 사업 거점은 유럽과 아프리카를 잇는 모로코의 탕헤르, 중동과 아시아를 잇는 카자흐스탄의 알마티, 그리고 북미와 남미를 잇는 멕시코의 과달라하라야. 이 세 곳을 거점으로 별개의 사업본부 조직을 만들어서 서로 경쟁하며 성장하도록 하고, 그들이 향후 3개의 회사로 커나가도록 만들 거야. 세 군데 모두 과거 영교상사의 해외지사가 있던 곳이니 거점화하는 데는 큰 문제가 없을 거야."

평상시 말이 빠른 편이 아니었던 조 부회장답지 않게 순식간에 쏟아내는 말들을 배 팀장은 받아 적기에 바빴다.

"당분간은 조세호 사장이 전체 총괄을 맡겠지만, 각 거점을 맡은 조직에 사업계획 수립 및 실행, 예산 편성 및 집행, 그리고 인사에 관한 전권을 부여할 거니까 거점별 사업본부가 제대로 자리만 잡으면 조 사장이 개입할 여지는 거의 사라질 거야."

'천하삼분지계天下三分之計!'

순간 배 팀장의 머리에 떠오른 단어였다. 조 부회장은 엄청난 다독가이면서《삼국지三國志》마니아로 유명했다. 신입사원들이 입사할 때마다《삼국지》전집을 선물했던 사람답게 그 계획은 제갈량이 유비에게 설파했던 바로 그 천하삼분지계를 쏙 빼닮았다. 배 팀장이 조심스레 물었다.

"그럼 제가 해야 할 일이….

"모로코 탕헤르나 카자흐스탄 알마티에 비해 멕시코의 과달라하라는 지사의 규모나 조직이 거점으로 삼기에는 아직 많이 부족한 것 같아. 자네가 팀을 이끌고 과달라하라로 가서 조직을 재편하고 사업 전략을 새롭게 수립해주는 역할을 해줬으면 해."

"네, 알겠습니다. 기한은 언제까지로 잡으면 될까요?"

"길지 않아. 정기주주총회가 열리는 석 달 뒤 오늘까지."

인사를 마친 뒤 자리로 돌아온 배 팀장은 깊은 한숨을 쉬었다. 새롭게 재편된 조직을 추스르느라 정신이 없는 와중에 맡게 된 막중한 임무에 절로 중압감이 엄습했다. 순간 그는 자신이 손에 무언가를 쥐고 있는 것을 알아차렸다. 자신도 모르게 집어든 아이코서히드런이었다.

> 관련 내용 133쪽

두 인간의 대립

▽

▽

▽

En otra dimensión 또 다른 차원

3개의 보물을 찾아 탐험을 떠난 비센테 원정대와 아마조네스의 전사들. / 그러나 그들은 처음부터 사사건건 다투기만 했네. / 시간이 갈수록 한계에 부딪혔네. / 그리고 깨닫게 되었네. / 서로가 전혀 다른 눈으로 세상을 보는 다른 차원의 인간이라는 것을.

41

배 팀장의 말에 이번에는 모두가 제시간에 회의실로 모였다. 회의실로 향하던 배 팀장은 일찌감치 자리에 앉아 뒤이어 들어오는 팀원들에게 이런저런 말을 건네는 윤이화 부장의 모습을 보고는 잠시 생각에 잠겼다.

'이게 과연 맞는 일일까?'

"다 모였으면 회의를 시작하겠습니다."

배 팀장이 회의의 취지만 간략하게 전달하고 나서 안두호 차장이 전체적인 설명을 이어갔다. 조선아 부회장이 구상한 거점별 사업 본부 설립 계획과 준비가 덜 된 과달라하라의 조직에 대한 지원 방안이었다.

"끝으로 부장님의 업무분장 지시로 회의를 마치겠습니다."

설명을 마친 안 차장이 자리로 돌아가자 배 팀장이 수첩을 펼쳐 팀원별 담당 업무를 알려주기 시작했다. 그때였다.

"저기… 질문 있는데요."

노옥선 차장이었다. 순간 일렬로 마주보고 앉아 있던 남녀 직원들의 표정이 묘하게 엇갈렸다. 여직원들은 아무렇지 않다는 얼굴이었지만, 남직원들은 뭔가 불편한 기색이 역력했다.

"아직 업무분장을 하지 않았는데, 어떤 질문이죠?"

배 팀장의 말에 노 차장은 고개를 가로저으며 맞은편 자리에 앉은 안 차장을 향해 말했다.

"아뇨, 업무분장 말고 방금 전 안 차장께서 설명하신 내용에서 궁금한 점이 있어서요. 안 차장님은 혹시 과달라하라에 가보셨나요? 아니, 멕시코라는 나라에 가보신 적은 있나요?"

그 말에 안 차장은 다소 과장된 표정과 목소리로 답했다.

"허 참! 노 차장, 내 전공이 뭔지 알아요? 서어서문학이에요. 스페인어! 그런 나한테 뭐라고? 멕시코를 가봤냐고요? 내가 영교상사 밥만 15년인데, 참 어이가 없네."

하지만 노 차장은 전혀 밀리거나 당황하는 기색이 없었다.

"전공이 서어서문학인 건 알겠는데요. 국문과 나왔다고 한국에 대해 다 아는 것도 아니고, 영문과 나왔다고 전 세계 영어권 국가를 다 가볼 수 있는 것도 아니잖아요. 멕시코 가보셨냐고요?"

"아니, 도대체 뭐가 문제인데요? 뭐가 불만인데? 왜 다짜고짜 멕시코에 갔다 왔는지를 캐묻는데?"

"멕시코에 대해 잘 모르시는 것 같은데, 마치 멕시코를 다녀오시거나 살다가 오신 것처럼 말씀을 하셔서요."

배 팀장은 막무가내로 언성을 높이는 안 차장이 조마조마했다. 그도 그럴 것이 그가 아는 안 차장은 15년간 본부 근무와 유럽지역 담당만 했을 뿐 중남미지역은 맡은 적이 없었기 때문이다. 개인적으로 여행 삼아 중남미를 가볼 수는 있었겠으나, 멕시코를 다녀왔을 가능성은 희박했다.

옆에 앉아 있던 유희아 대리가 자그마한 목소리로 말을 보탰다.

"노 차장님은 어렸을 때 외교관이던 아버지를 따라 6년 동안 멕시코에 계셨었대요. 지금 남편분도 그때 현지 학교에서 함께 공부했던 멕시코 교포분이시고요. 그래서 그런 거예요."

그 말에 입을 다문 안 차장은 불쾌한 기색이 역력했다. 배 팀장이 물었다.

"그래서 노 차장이 궁금한 건 뭐죠?"

"멕시코라는 나라가 미국 밑에 붙어 있어서 그렇지, 면적이 197만km²가 훨씬 넘는 나라예요. 남한 면적의 20배가 넘죠."

안 차장이 다시 욱해서 끼어들었다.

"그래서 내가 말했잖아요. 멕시코는 넓고 자원이 풍부하다고!"

하지만 노 차장은 아무 말도 안 들은 듯 자기 얘기를 계속했다.

"우리나라만 해도 경상도와 전라도가 다르고, 제주도쯤 되면 아예 이국적 풍광을 볼 수 있는데, 멕시코는 아열대기후에서 사막기후까지 모두 느낄 수 있는, 마치 여러 나라의 집합체 같은 나라예요. 실제 표방하는 정치체제 역시 연방공화국이고요."

"그래서?"

"아까 안 차장이 보고하신 내용은 지나치게 미국 관점에서, 멕시코시티 중심으로 정리하셨는데, 그래서는 안 될 것 같아서요."

자연스럽게 이야기는 안 차장이 보고한 내용에 대한 점검으로 이어졌고, 일부 사항에 대해서는 치열한 갑론을박이 벌어졌다. 30분 정도로 예상했던 회의가 쉬는 시간을 포함해서 2시간 넘게 진행되었다.

"각자 담당하게 된 업무에 만전을 기해주시고, 이번 일은 회사 안팎에 새나가지 않도록 각별히 신경 써주시기 바랍니다. 특히 COO 직속조직 쪽으로는 절대 알려지면 안 됩니다. 자, 그럼 이만 회의를 마치겠습니다. 수고들 했습니다."

배 팀장의 종료 선언과 함께 다들 회의실을 빠져나갔다. 그때까지 굳은 인상을 펴지 않고 있던 안 차장이 노 차장을 불러세웠다.

"노 차장, 잠깐 얘기 좀 합시다."

"5분 뒤에 디자인실이랑 미팅이 있어요. 여기서 말씀하세요."

"노 차장이 올해 몇 년 차죠?"

"저요? 이전 직장 경력까지 합치면 13년쯤 될걸요? 근데 그건 왜 물으시죠?"

"아니, 그 정도 직장생활을 한 사람이 그렇게 감을 못 잡으면 어떻게 합니까? 무슨 사원 대리급도 아니고."

"네? 그게 무슨 말씀이세요? 제가 감을 못 잡다니요?"

"회의 때 혼자 튀고 아는 척하는 거야 젊은 혈기로 멋모를 때나 그러는 거지, 중간관리자가 되어서까지 그럴 건 아니지 않습니까?"

"아까 안 차장님께 질문한 것 때문에 이러시는 거예요? 그거야 차장님이 너무 실정에 안 맞는 말씀을 하셔서 그랬던 거죠."

"아니, 내가 그거 때문에 이런 말하는 속 좁은 사람처럼 보입니까? 노 차장이나 저나 팀 내 차석쯤 되는 중견사원들이 중심을 잡아줘야 한다는 말을 하는 겁니다. 회의 때 갑자기 툭 끼어들어 질문을 던지고 그러면서 흐름을 깨면 안 되죠."

"중심요? 중심을 잡으려면 입 꾹 다물고 팀장님, 부장님 옆에서 잠자코 있어야 한다는 건가요? 도대체 안 차장님은 회의가 뭐라고 생각하시는 거예요? 무슨 전쟁영화 같은 데서 자주 보는 작전회의 같은 걸로 착각하시는 거 아니에요? 지시와 복종만 있는."

"전쟁터와도 같은 비즈니스 현장에서 필요하다면 그렇게 해야죠. 지금 우리 상황이 전투와 다를 것이 있습니까? 아무튼 다음 회의 때부터는 주의해줬으면 좋겠어요. 팀이 바뀌고 팀장이 바뀌었으면 거기에 맞춰야죠."

안 차장은 말을 마치고는 서둘러 회의실 밖으로 나가버렸다.

> 관련 내용 139쪽

La misma idea, la otra palabra

같은 생각 다른 이야기

어느 날 원정대의 안투로와 아마조네스의 록산
느가 심하게 다투었네. / 그들을 중재하려고 아
마조네스 전사들의 리더인 율리아가 손을 내밀
었네. / "우리는 다르다, 우리는 다르다. 보는 방
향도, 이해하는 방식도, 이야기하는 방법도···.
/ 하지만 조금씩 같아질 수 있지 않을까? / 보물
3개를 찾으려면 우리는 서로를 더 알아야 한다."

"안 차장, 잠깐 저한테 시간 좀 내줄래요?"

윤이화 부장이 직접 안 차장의 자리로 찾아왔다. 안 차장은 윤 부
장을 쓱 올려다보더니 '당연히 그럴 줄 알았다'는 표정으로 일어섰
다. 두 사람은 사무실 건물 YG타워의 지하에 있는 커피전문점에 자
리를 잡았다.

"바쁠 텐데 시간 빼앗아서 미안해요."

"괜찮습니다. 말씀하시죠. 노 차장이 손 좀 봐달라고 이르던가
요?"

"하하, 네. 어디 산으로 끌고 가서 실컷 팬 뒤 머리만 내놓고 땅에
파묻어버리라고 부탁하더라고요."

생각지도 않은 윤 부장의 농담에 경계심을 갖고 있던 안 차장마저 피식 웃고 말았다. 그렇게 가벼운 농담으로 분위기를 바꾸어 대화를 시작하긴 했지만, 본론을 꺼내기란 윤 부장에게도 쉽지 않은 일이었다. 말없이 컵을 만지작거리다가 어렵게 다시 입을 떼었다.

"원하건 원하지 않건 함께 일하게 되었다면 조금은 서로에 대해 이해할 필요가 있을 것 같아요. 노 차장은 노 차장대로, 안 차장은 안 차장대로. 아니, 우리 팀 직원들 모두 노력해야겠지요."

대화의 물꼬가 트이자 스마트폰 화면만 쳐다보고 있던 안 차장도 생각을 말하기 시작했다.

"제 말이요. 그래서 제가 노 차장을 불러 이야기했던 겁니다."

"잘하셨어요. 아무 말 안 하고 속으로만 담아두기보다는 생각났을 때 바로 이야기해주는 것이 서로 좋을 것 같아요. 다만…."

다시 잠깐 침묵이 흘렀다. 생각이 많은 윤 부장이었다.

"저도 인생을 오래 산 거 아니고, 아주 많은 직원들과 생활해보지는 않았지만, 그래도 겪어보니 남자 직원과 여자 직원 사이에는 커뮤니케이션에서 미묘한 차이가 있는 것 같아요. 단순히 회의 때 주고받는 대화법 정도가 아니라 외부 정보를 습득하고 그것을 다시 언어로 표현하는 방법 전반에서 말이지요."

안 차장은 표현은 안 했지만 무슨 말인지 잘 이해되지 않는다는 표정이었다. 윤 부장 역시 단번에 안 차장을 이해시킬 수 있다고는 생각지 않았다.

"어찌 되었든 잘 부탁합니다. 앞으로 우리 팀에서 안 차장님이 큰 역할을 해주셔야 하니까요."

두 사람은 그 정도로 대화를 마치고 커피가 반쯤 남아 있는 컵을 들고 사무실로 돌아왔다.

출입문을 열고 들어가다가 갑자기 안 차장이 물었다.

"참, 아까 남자 직원과 여자 직원은 커뮤니케이션상의 차이가 있다고 하셨는데, 구체적으로 어떤 부분에서 그렇죠?"

잠깐 생각하는 듯하던 윤 부장이 살짝 웃음 띤 얼굴로 답했다.

"글쎄요. 굳이 말하자면 남자는 txt, 여자는 jpg?"

알 듯 모를 듯한 답을 주고 윤 부장은 자기 자리로 돌아갔다.

얼마 후 배 팀장이 팀원들을 자신의 방으로 불러 미팅을 진행했다. 앞선 회의에서 얘기했던, 멕시코 현지로 실사를 나갈 팀원을 결정한 모양이었다.

"일단 고미정 과장이랑 오성두 대리가 선발대로 먼저 가서 수고를 해줘요. 멕시코시티에 가면 영교상사 소속으로 일했던 현지인이 합류해서 도움을 줄 거예요. 한국에서는 우빈이와 지아 씨가 고 과장이랑 오 대리가 맡고 있던 업무를 백업하는 걸로 하고. 자, 질문 있나요? 없으면, 두 사람은 바로 출국 준비해요. 일주일 안에 나갈 수 있도록. 다시 한 번 말하지만 보안 철저히 유지해주세요. 특히 COO 쪽으로는 절대 새나가지 않도록."

팀원들이 자기 자리로 돌아가자 뒤쪽 문가에 서 있던 윤 부장이 다가와 배 팀장에게 목소리를 낮추어 물었다.

"일부러 저렇게 짜신 건가요?"

"뭐가요?"

"상사 쪽에 있던 직원이 사전실사에는 더 적임자일 텐데, 굳이 고미정 과장과 짝을 이루어 보내시는 것 말이에요. 케미chemistry가 목적인가요?"

배 팀장이 손을 내저으며 말했다.

"그런 것까지 고려할 정도로 여유 있는 상황이 아니에요. 철저하게 업무상 조화를 고려해서 두 사람을 정한 겁니다."

배 팀장의 방을 나오던 윤 부장이 불현듯 안쪽을 쳐다보았다. 책장 위로 특이하게 생긴 녹색의 목각조각이 눈에 띄었기 때문이다. 노트북 화면을 바라보던 배 팀장이 책장으로 가서 조각을 손에 쥐고는 만지작거리기 시작했다.

> 관련 내용 148쪽

Boca hablador 수다스러운 입

비센테의 부하 표르지오가 아마조네스의 전사
올리비아를 손가락질했네. / "지나치는 마을마
다 소문을 퍼뜨리는 값싼 입의 소유자여!" / 그
러던 어느 날, 비센테는 알게 되었다네. / 자신과
신대륙 탐험 경쟁을 했던 세르히오 장군과 그의
부하 마테오도 여왕이 원하는 3개의 보물을 찾고
있다는 사실을.

배 팀장이 목각조각을 만지작거리는 행동은 전에 없던 버릇이었다.
조 부회장으로부터 지시를 받거나 팀원들이 티격태격하는 모습을
보다가 생각이 깊어지면 자신도 모르게 하게 되는.

목각조각은 생긴 것도 묘했지만 20개의 각 면에 새겨진 글자들
역시 예사롭지 않았다. 닳아 없어진 것도 있고 크기가 너무 작아 해
석하기는 쉽지 않았지만, 아마존에 들어간 탐험대의 이야기를 새겨
놓았다는 사실은 짐작할 수 있었다.

그런데 오늘은 조 부회장의 지시나 팀 운영에 따른 고민으로 조
각을 잡은 게 아니었다. 다름 아닌 사업전략팀 때문이었다. 정확히
말하면 사업전략팀의 팀장인 마태호 부장 때문이었고, 더 정확히 말

하면 마 부장의 뒤에 버티고 있는 COO 조세호 사장 때문이었다.

배 팀장과 마 부장은 그룹공채 입사 동기로 초기에는 둘도 없이 친한 사이였다. 그러나 거기까지였다. 연수와 OJT 등을 마치고 부서 발령을 받을 당시, 마 부장이 꼭 가고 싶다며 노래를 부르던 조 부회장의 팀에 배 팀장이 가게 되고 자신은 전혀 엉뚱한 팀에 배치되면서 사이가 소원해졌고, 마 부장이 과장 시절 파견 형식으로 YG패션으로 전출을 가게 되면서 자연스럽게 연락이 끊기고 말았다.

그렇다 해도 배 팀장은 마 부장이 자신에게 특별히 악감정을 품고 있을 줄은 몰랐다. 그런데 아니었다. 연락이 끊어진 사이 마 부장은 전혀 다른 사람이 되어 있었다. 자신의 학벌과 연줄이 변변치 않아 선후배 관계가 끈끈하기로 소문난 명문 사립대를 나온 배 팀장에게 좋은 자리를 빼앗겼다고 오해한 마 부장은 YG패션 경영전략본부에서 본부장으로 모시게 된 조세호 상무에게 자신의 미래를 걸기로 했다. 말 그대로 그의 심복이 되어 회의록 작성 같은 공식 업무 외에도 이런저런 잡다한 일들을 떠맡는 집사 역할을 자처했고, 조직 내 동향을 파악해서 보고하는 정보원 역할도 마다하지 않았다. 조 상무는 그런 마 부장을 마음에 들어 했고 자신의 오른팔로 삼았다. 이번 합병 과정에서는 조선아 부회장 직속의 개발기획팀이 있음에도 불구하고 업무가 겹칠 수밖에 없는 사업전략팀을 따로 만들어 자신의 휘하에 두고 마 부장을 팀장으로 앉히기까지 했다.

마 부장과 배 팀장은 사이가 더욱 틀어졌다. 업무나 위상 등 여러모로 경쟁관계에 있었던 데다 두 사람 모두 연말 인사에서 임원 승진 대상자였기 때문에 양보 없는 싸움을 벌여야 했다. 그래도 배 팀장은 티를 내지 않았는데, 마 부장의 사업전략팀은 아주 노골적으로 나왔다. '타도 개발기획, 타도 배선태, 타도 조선아'를 외친다는 이야기가 사내에 파다하게 돌았다.

'마 부장, 그 녀석이 언제부터 그렇게 달라진 거지? 한때는 친했던 사이인데…….'

커피를 마시려고 탕비실로 들어선 표지오 대리는 순간 움찔했다. 여직원 서넛이 커피와 과자를 먹으며 비밀 이야기라도 나누듯 속닥거리고 있었다. 한 사람은 같은 팀원이고 나머지 사람들은 다른 팀 소속이었다. 고개를 까딱하며 인사를 건넨 표 대리는 커피를 뽑자마자 밖으로 나왔다.

다음 날, 회의가 소집되었다. 배 팀장이 아닌 안 차장이 소집한 회의였다. 당연히 배 팀장과 윤 부장은 없었고 안 차장과 노 차장 이하 남녀 직원들만 참석했다. 노 차장을 마지막으로 팀원들이 모두 회의실로 모이자 안 차장이 입을 열었다.

"부장님께서 그렇게 보안에 신경을 쓰라고 신신당부하셨건만, 일부 직원이 COO 쪽 사람들과 사적인 대화를 나눈다는 얘기가 들려서 다시 한 번 주의를 당부하기 위해 모이라고 했습니다."

그 말이 떨어지기가 무섭게 어제 오후 탕비실에서 표 대리와 마주쳤던 오지아가 표 대리를 째려보았다. 눈총을 느낀 표 대리가 계속 딴청을 피우며 오지아의 시선을 이리저리 피하고 있는데, 노 차장이 안 차장의 말에 맞장구를 쳤다.

"맞아요. 자칫하다가는 일 전체를 그르칠 수도 있으니 다들 보안에 각별히 주의해야 해요. 멕시코 출장 가는 분들도 실사가 아니라 현지의 의류공장 생산시설 증설과 관련한 시장조사차 간다고 둘러 대면 좋겠어요."

"특히 여직원들은 더 조심해주고."

회의를 마무리한다는 생각으로 덧붙인 안 차장의 이 말이 또다시 여직원들의 심사를 건드리고 말았다. 팀장도 아닌 차장의 회의 소집에다 달갑지 않은 훈계조에 가뜩이나 기분이 좋지 않았던 여직원들은 발끈했다.

"아니, 왜 꼭 여직원들이 더 조심해야 하는 거죠?"

고미정 과장이 치고 나가자 표지오 대리가 대꾸했다.

"여자들이 더 수다스럽잖아요."

그 말에 회의 시작부터 잔뜩 독이 오른 눈으로 표 대리를 흘겨보던 오지아는 참을 수 없었다.

"여자들이 더 수다스럽다니, 그게 무슨 말이죠?"

"탕비실에서 여직원들끼리 시도 때도 없이 수다를 떨잖아요. 남직원들은 안 그래요."

"그럼 빌딩 뒤편에서 남직원들끼리 담배를 피며 잡담하는 거는 요? 그건 수다가 아니고 뭐죠?"

"그거야 일을 하다가 스트레스가 쌓여서 잠시 담배 한 대 피우며 얘기를 나누는 거고. 다 회사 얘기고 업무 얘기라고요."

"허 참, 어이가 없어서. 남자들이 모여서 하는 얘기는 업무상 얘기고, 여자들이 모여서 하는 얘기는 그냥 수다라고요?"

그때 배 팀장이 회의실 문을 열고 들어왔다.

"업무시간에 왜 다들 여기 있어요? 언성을 높이는 건 또 뭐고? 무슨 일이야?"

안 차장과 노 차장은 누가 먼저랄 것 없이 아무 일도 아니라며 서둘러 회의를 끝내려고 했다. 팀원들도 주섬주섬 필기구 등을 챙겨 자리에서 일어났다. 그들을 배 팀장이 붙잡았다. 다 모인 김에 간단히 회의를 하자며.

"다음 달에 조세호 사장께서 멕시코로 출장을 가신다고 하는데, 왜 가는지 혹시 아는 사람 있나? 사업전략팀 마태호 부장이 수행해서 다녀오신다는데, 멕시코시티나 과달라하라의 사무실에서도 모르더라고."

팀원들 가운데 누구 하나 배 팀장의 물음에 답하는 사람이 없었다. 한동안 답답한 침묵이 흘렀다.

정적을 깬 사람은 뜻밖에도 오지아였다. 여전히 붉게 상기된 얼굴의 그가 툭 내뱉듯 말을 꺼냈다.

"휴가 가신대요."

배 팀장 이하 팀원들 모두가 오지아의 얼굴을 빤히 쳐다보았다. 시선을 땅바닥에 고정한 그가 불만이 가시지 않은 냉랭한 목소리로 말을 이었다.

"로스앤젤레스에 유학 중인 큰딸 졸업식에 참석했다가 가족과 함께 멕시코 칸쿤으로 여행을 다녀오신대요. 마 부장은 우연히 샌디에이고 출장 일정이 잡혀 로스앤젤레스까지만 동행하는 건데, 말이 부풀려진 거고요."

그의 이야기에 놀란 팀원들이 입을 다물지 못했다. 특히 정보에

밝은 배 팀장과 오지아를 단속한 안 차장, 그리고 그 발단을 제공한
표 대리가 누구보다 놀랐다. 잠시 후 배 팀장이 오지아에게 물었다.

"그런데 우리 지아 씨는 어떻게 그런 정보를 알고 있지?"

오지아가 안 차장과 표 대리를 한 번씩 째려본 뒤 대답했다.

"탕비실에서 수다 떨다가요."

> 관련 내용 156쪽

Fragmentación 분열

탐험대의 막내 루벤이 마음 여린 아마조네스의
전사 유헤이아를 놀렸네. / 화가 잔뜩 난 아마조
네스의 명사수 고미가 루벤의 심장에 화살을 쏘
려 하자, 율리아가 나서서 겨우 말렸네.

일은 비교적 순조롭게 진행되었다. 시간이 걸리긴 했지만, 멕시코
로 현지 실사를 떠나기로 한 고미정 과장과 오성두 대리의 여권과 항
공권 준비는 물론 현지의 조력자를 구하는 일도 마무리되었다. 노옥
선 차장으로부터 질타를 받은 안 차장의 자료 역시 노 차장과 멕시코
지인들이 보내준 상세한 정보 덕분에 훨씬 더 업그레이드되었다. 이
제는 조선아 부회장에게 1차 준비 상황을 보고하기만 하면 되었다.

　"아~ 지친다 지쳐. 벌써 며칠째 야근이야."

　"그러게 말입니다. 이러다 여자친구가 그만 만나자고 할까 봐 걱
정됩니다."

　"여자친구가 그렇게 나오면 야근 때문이 아니라 너의 매력이 떨

어져서겠지. 네가 죽자고 매달려서 사귀게 된 거잖아."

"아니, 저처럼 매력 덩어리가 또 어디에 있다고…."

표지오 대리와 오 대리가 기지개를 켜다 말고 시시껄렁한 농담을 하는 사이 유희아 대리는 노트북 모니터를 뚫어지게 바라보고 있었다.

"어라, 이게 아닌데…."

마우스 휠을 위아래로 돌려가며 파워포인트로 만든 자료를 확인하던 유 대리는 연신 '이게 아닌데…'라며 어두운 표정을 지었다.

"왜, 뭐가 잘못됐어?"

옆에서 통관 관련 자료를 읽고 있던 고미정 과장이 물었다.

"우빈 씨가 보내온 자료가 포맷도 다르고, 폰트도 안 맞아서요. 왜 이렇게 만들어 보냈지? 분명히 보내준 양식에 맞춰서 작성해달라고 했는데…."

"불러서 물어봐. 예전에 작업한 버전을 잘못 보낸 것일 수도 있잖아."

화면을 한참 더 들여다보던 유 대리가 조심스레 조우빈 사원을 불렀다.

"우빈 씨, 잠깐만요."

턱을 괸 채 노트북을 보던 조우빈은 유 대리가 두어 번을 더 부르고 나서야 느릿느릿 일어났다. 유 대리는 기분이 상했다. 영교상사 시절부터 함께 일해온 선배들, 즉 남자 선배들이 부르면 튀는 스프링처럼 그 자리에서 벌떡 일어나 달려가던 모습과는 너무도 달랐기 때문이다. 말이 곱게 나갈 리 없었다.

"우빈 씨, 이거 포맷이 왜 이렇죠? 폰트도 전혀 안 맞고. 제가 보낸 작성 가이드를 보기는 한 거예요? 왜 자료를 이 모양으로 만들었죠?"

조우빈도 기분 나쁜 표정을 지으며 퉁명스럽게 말했다.

"아니, 어차피 최종적으로 자료를 취합하는 사람이 다 종합해서 한꺼번에 맞추면 되는 거 아닌가?"

"뭐예요?"

유 대리의 말은 거의 고함에 가까웠다. 사무실 안에 있던 사람들의 시선이 동시에 두 사람에게로 쏠렸다. 조우빈 역시 지지 않고 맞섰다.

"아니, 폰트가 조금 다르면 알아서 맞추면 되지. 디자인 전공했다고 아무것도 안 하고, 파워포인트 자료 만지는 것도 깨작깨작하면서… 사람을 불러다가 기분 나쁘게… 에이씨!"

그 말을 듣고 고미정 과장이 반응했다.

"우빈 씨, 말버릇이 그게 뭐야? 유 대리도 엄연한 선배인데. 자기가 일도 제대로 안 해놓고는 뭘 잘했다고!"

표지오 대리가 반박했다.

"에이, 그건 아니죠. 아까 보니까 유 대리가 먼저 기분 나쁘게 우빈이를 갈구더구먼. 그치?"

동의를 구하는 말에 옆에 있던 오성두 대리가 고개를 크게 끄덕였다.

"에이 진짜, 여자들이랑 일 못해먹겠네!"

조우빈이 손에 쥐고 있던 샤프 펜슬을 땅바닥에 집어던지며 소리를 빼 질렀다.

사무실 안쪽 미팅룸에서 이야기를 나누던 배선태 팀장과 윤이화 부장이 시끄러운 소리를 듣고 부리나케 나왔다. 배 팀장이 조우빈에게 뭐라고 하려는 순간 윤 부장이 그를 제지하며 조용히 말했다.

"팀장님, 이번에는 제게 맡겨주시면 안 될까요?"

윤 부장이 다툰 두 사람을 불렀다.

"유 대리, 우빈 씨, 잠깐 나 좀 볼까요?"

두 사람이 윤 부장을 따라 미팅룸으로 들어갔다. 어색해진 분위기에 나머지 팀원들은 일이 손에 잡히지 않아 멍하니 있었다.

얼마나 지났을까. 굳은 표정의 유 대리와 조우빈이 미팅룸에서 나오더니 각자의 노트북을 챙겨가지고 함께 사무실을 나갔다. 자료 편집을 위해 다른 곳으로 이동한 것이었다. 두 사람의 모습을 지켜보던 배 팀장이 미팅룸에서 나오는 윤 부장에게 물었다.

"윤 부장, 쟤네한테 뭐라고 했기에 저렇게 고분고분해진 겁니까?"

윤 부장이 웃으며 말했다.

"세상에 공짜가 어딨어요? 맛있는 거 사주시면 알려드릴게요."

자리로 돌아가며 그가 한마디 덧붙였다.

"별거 있나요. '너네 친하게 안 지내면 둘 다 확 잘라버릴 거다!' 겁 좀 줬죠."

> 관련 내용 162쪽

Primer tesoro 첫 번째 보물

비센테 원정대와 아마조네스의 전사들이 첫 번
째 보물을 찾았네. / 흡족해진 여왕이 잔치를 베
풀어주었네. / "자랑스럽다, 나의 전사들아! 대
단하다, 이방인 원정대여! / 그대들은 더 강해질
수 있다. 더 강해져야 나머지 보물도 찾을 수 있
으리니…."

"좋아요! 내가 기대한 것보다 훨씬 훌륭해. 큰 방향은 잘 잡은 것 같
고, 세부적인 부분만 조금 가다듬어서 신속하게 추진해봅시다."

배 팀장의 보고를 들은 조 부회장이 흡족한 표정을 지으며 격려
해주었다. 일반 직원들에게는 어머니와도 같은 온화한 모습을 곧잘
보이지만, 간부들과 중요 이야기를 나눌 때에는 피도 눈물도 없는
냉혹한 경영자로 돌아가는 조 부회장에게서 좀처럼 듣기 힘든 칭찬
이었다.

오늘의 보고는 평소와 달리 본사의 대회의실이 아닌, K그룹의
연수원 VIP룸에서 비밀리에 진행되었다. 회사에는 야유회를 겸한
워크숍을 간다고 일러두었다. 복장도 아웃도어 패션으로 맞춰 입었

고, 조 부회장 역시 편안한 사파리 재킷과 청바지에 운동화 차림이
었다. 늘 타고 다니던 회사 차량 대신 개인 차량을 직접 몰고 오기까
지 했다. 철저한 위장이었다. 배 팀장을 비롯한 팀원들은 최종 보고
를 위해 새벽까지 자료를 다듬느라 피곤한 기색이 역력했지만, 분위
기만큼은 정말로 야유회를 겸한 워크숍을 온 듯 밝고 자유로운 느낌
이었다.

"새벽까지 준비하느라 수고들 많았어요. 회의는 이쯤에서 마치
고 같이 식사하러 갑시다. 내가 쏘지요."

조 부회장이 먼저 밖으로 나가 차를 몰고 출발했고, 팀원들이 뒤
를 이어 승합차를 타고 이동했다. 가는 곳이 어디인지는 배 팀장말
고는 아무도 모르는 상태였다. 채 10분이 되지 않아 팀원들을 태운
승합차가 어느 지점에 멈추어 섰다. 식당가가 아닌 저택들이 즐비한
성북동의 고급 주택가 골목 안쪽이었다.

놀랍게도 그곳은 조선아 부회장의 자택이었다. 미리 도착해 있던 조
부회장이 현관문 앞에서 손을 흔들며 들어가기를 망설이는 팀원들
을 맞아주었다.

"어서 들어와."

배 팀장 외에는 모두가 처음이라 어리둥절해했다. 그들은 조 부
회장의 안내로 2층에 위치한 식당으로 올라가 자리를 잡았다. 익숙
한 손놀림으로 잘 조리된 음식에 양념 등을 더해 테이블에 내어놓는
조 부회장의 솜씨가 예사롭지 않았다. 살림을 맡은 아주머니의 도움
을 받았겠지만 음식을 다루고 나르는 모습이 보통 실력이 아니었다.

"내가 회사일로 바빠서 그렇지 요리도 맘 먹고 하면 잘해."

조 부회장은 농담도 해가면서 보통의 주부처럼 음식 접대에 정성을 보였다. 맛있는 요리와 함께 조 부회장이 돌린 술이 몇 순배 돌고 나자 처음의 서먹한 분위기가 많이 풀어졌다. 조 부회장도 모처럼만의 술자리가 마음에 들었는지 느긋한 자세로 일상적인 얘기들을 주고받았다.

웃고 떠드는 사이 시간은 금방 흘렀다. 배 팀장이 일어나 조 부회장에게 말했다.

"마무리할 시간이 된 것 같은데, 우리 멤버들에게 좋은 말씀 한마디 해주시지요."

배 팀장의 청에 조 부회장은 언젠가 책에서 읽었다며 이야기를 꺼냈다.

"그리스 철학자 플라톤이 지은 '대화편' 가운데 《향연》이라는 책이 있어요. 그 책에서 유명한 희곡 작가인 아리스토파네스가 이런 얘기를 합니다. '원래 인간은 하나의 몸에 머리가 둘, 팔과 다리가 각각 네 개인 형태였다. 그러다 보니 다른 동물들은 그들을 당해낼 재간이 없었고, 그 때문에 오만해진 인간들이 자꾸 신에게 도전하자 화가 난 제우스 신이 그런 인간을 반으로 쪼개버려서 현재와 같은 남자와 여자 둘로 분리된 인간이 만들어지게 되었다'라는. 물론 과학적으로 말도 안 되는 지극히 신화적, 상징적, 은유적인 표현이겠지요. 하지만 나는 가끔 이런 생각을 해봅니다. 이 이야기를 거꾸로 생각해보면, 우리 남자와 여자, 여자와 남자가 서로 뜻을 모아 하나로 힘을 합친다면 과거 제우스 신이 두려워했던, 그런 막강한 힘을 발휘할 수 있지 않을까 하는 생각을 말이에요."

　그 말에 사람들은 숙연해졌다. 주머니 안쪽에서 수첩을 꺼내 조 부회장의 말을 받아 적던 배 팀장도, 반쯤 남은 와인 잔을 만지작거 리며 경청하던 노 차장도, 술기운이 올라 깜빡 졸았던 오 대리도, 어 린 시절 만화책으로 읽었던 《그리스신화》 이야기에 아는 척할 기회 를 노리던 오지아도 별 다른 말이 없었다. 동료들을 물끄러미 바라 보며 저마다 생각에 잠긴 듯했다.

　'어떻게 하면 이 녀석들을 원팀one team 으로 만들 수 있을까?'

　'이 사람들이랑 하나가 될 수 있을까?'

　'우리가 하나가 된다면 정말로 더 큰 힘을 발휘할 수 있을까?'

＞　관련 내용 170쪽

누가
옳은가

Mi asiento 나의 자리

두 번째 보물을 찾기 위한 여정이 시작되었네. /
칠흑 같은 어둠 아래 한 치 앞도 보이지 않는 정
글 속으로 뻗은 길. / 아마조네스 전사들은 팔짱
을 끼고 한 덩어리가 된 채 그 길을 빠져나가고,
비센테 원정대원들은 앞뒤로 어깨에 손을 올려
헤쳐나가네. / 누가 옳은 것일까? 누가 옳은 것
일까?

한 주가 지난 금요일 오후였다. YG코퍼레이션의 경영진 앞에서 이
미 조선아 부회장에게 보고한 내용을 발표하는 날이었다. 물론 내용
은 '북중미사업 강화 방안'으로 회사의 후계 구도나 조직 분할을 통
한 조 사장의 영향력 약화 계획은 쏙 빠져 있었다.

회의 시작 10여 분 전, 본사 대회의실에서 고성이 터져나왔다. 다
름 아닌 마태호 부장이었다. 그는 회의 참석 대상이 아니었지만, 일
부러 근처를 지나가다가 우연히 들른 척 회의실로 들어와 목소리를
높였다.

"여기 자리 배치 누가 한 거야?"

과거에 ERP 도입 프로젝트를 함께 수행한 인연으로 마 부장과

친하게 지내는 안두호 차장이 발표자석에서 노트북을 작동하다가 흥분해서 씩씩거리고 있는 마 부장 앞으로 한달음에 뛰어갔다.

"부장님, 뭐 잘못된 거라도…?"

"야, 너희 팀은 사람이 몇 명인데 이런 거 하나 못 챙겨?"

그는 자리에 놓인 명패를 손으로 툭 치며 더욱 언성을 높였다.

"회의 자리 배치할 때 직급이랑 서열은 고려 안 했어?"

말이 떨어지자마자 안 차장은 회의실 세팅을 담당하는 유희아 대리와 오지아를 째려보았다. 하지만 두 사람은 도대체 무슨 영문인지 모르겠다는 표정이었다.

마 부장의 의도는 뻔했다. 늘 비교 대상인 경쟁관계의 개발기획팀이 준비한 발표회에 초를 치고 김을 새게 만들겠다는 것이었다.

"CFO인 양 전무님이랑 물류센터장인 송 전무님은 같은 전무지만, 양 전무님이 송 전무님보다 2년 빨리 전무가 되셨으니까 양 전무님 자리가 상석으로 가야 하잖아! 해외사업지원본부장 정 상무님과 국내사업지원본부장 최 상무님도 같은 해에 상무가 되셨지만, 최 상무님이 정 상무님보다 입사일자가 빠르니까 최 상무님 자리를 앞으로 옮겨야 하고!"

마 부장이 더 큰 소리로 임원들의 서열을 읊으며 명패를 옮기기 시작하자 엉거주춤 서 있던 안 차장이 그의 뒤를 졸졸 따라다니며 마 부장이 옮겨놓은 명패를 책상의 끝 선에 똑바로 맞추어 정렬했다. 유 대리와 오지아는 저만치서 멀뚱히 그 모습을 지켜볼 뿐이었다.

뒤늦게 들어와 그 상황을 마주하게 된 배 팀장은 화가 머리끝까지 났지만, 중요 보고를 앞두고 괜한 분란을 일으키고 싶지 않아 짐

짓 모른 척하고는 표지오 대리 옆으로 가서 발표자료를 스크린에 띄우는 작업을 살펴보았다.

자신의 생각대로 명패의 위치를 바꾼 마 부장은 마치 큰일이라도 해낸 사람처럼 득의양양한 표정으로 배 팀장과 회의실 내부를 번갈아 훑어보았다. 그런 마 부장을 향해 만면에 웃음을 지으며 안 차장이 알랑방귀를 뀌었다.

"역시 마 부장님께서 손을 대시니까 서열이 바로잡혔네요. 아무래도 여자들은 의전이나 서열에 둔하니까 실수를 했나 봅니다. 그래서 사람은 자고로 군대를 갔다 와야 한다니까요. 하하하!"

배 팀장은 배알이 꼬였지만 꾹 참았다.

속이 뒤틀린 건 배 팀장만이 아니었다. 준비를 위해 대회의실과 사무실을 왔다 갔다 하던 노옥선 차장이 그 광경을 보고 혼잣말을 내뱉었다.

"의전은 무슨 얼어죽을… 조선시대 어전회의라도 하나? 그냥 확 명패를 가나다 순으로 놓아버릴까 보다!"

혼잣말이었지만 혼잣말이 아니었다. 다 들으라는 듯 꽤나 큰 소리로 말했던 것이다.

회심의 미소를 짓고 있던 마 부장과 맞장구를 쳐주던 안 차장의 얼굴이 일순간 일그러지며 동시에 노 차장을 노려보았다. 그래도 노 차장은 아무렇지 않은 듯 그들에게 눈길 한 번 주지 않은 채 개발기획팀의 멤버들에게 외쳤다.

"자, 발표가 5분도 안 남았어요. 회의의 본질과 하등 관련 없는

쓸데없는 거에 신경 쓰지 말고 발표자료랑 참고용 동영상자료가 잘 ▽
나오는지 마지막으로 점검합시다!"

그러고는 이내 마 부장과 안 차장 쪽을 보면서 말했다. ▽

"그리고… 보고와 관련 없는 분들은 나가셔서 일 보셔도 좋습니 ▽
다!"

> 관련 내용 180쪽

Inusual amistad 묘한 우정

새로운 보물을 찾아 떠나기 전, 고미와 오스발드
가 먼저 선발대로 나섰네. / 정글에서 무기를 잃
어버려 벌벌 떨고 있는 오스발드에게 고미가 무
기를 나누어주었네.

마 부장이 소란을 피웠지만 발표회는 완벽하게 끝났다. 곧 휴가를
떠난다는 생각에 마음이 풀어졌는지 조세호 사장은 배 팀장의 보고
내용에 별다른 토를 달지 않았고, 염려와 달리, 멕시코 과달라하라
의 조직 재편 및 사업계획 조정 프로젝트에 대해서도 의심하는 이가
없었다. 조 부회장은 만면에 미소를 지으며 배 팀장과 회의실 뒷줄
에 앉아 있는 개발기획팀원들을 바라보았다.

같은 시각, 선발대로 떠난 고미정 과장과 오성두 대리는 LA국제공
항 환승구역에 있었다.
　"아! 이걸 어쩌지?"

갑자기 오 대리의 얼굴이 사색이 되었다. 중요한 뭔가를 빠뜨린 모양이었다.

"다시 뒤져봐."

오 대리는 다시 주머니를 뒤지고 메고 있던 백팩까지 탈탈 털어 보았지만 찾을 수 없었다.

"어떻게 하지? 어떻게 하지?"

안내방송에서는 탑승시각이 임박했음을 알리는 내용을 영어와 스페인어로 번갈아 내보내고 있었다.

"오전 9시 55분에 출발하는 아메리칸항공 2546편의 탑승권을 소지하신 승객께서는 지금 즉시 23번 게이트로 탑승해주시기 바랍니다."

초조해진 오 대리의 표정이 더욱 굳어졌다. '어떻게 하지?' 소리만 반복하며 안절부절못하는 모습이 정신이 반은 나간 것 같았다.

그때 찰싹 소리가 났다. 고미정 과장이 오 대리의 목덜미를 때린 것이었다.

"야! 오성두, 정신 차려! 이 비행기 못 타면 다음 비행기 타고 가면 돼! 티켓팅 비용? 걱정 마. 나 원월드oneworld 마일리지 많아. 어차피 다 써야 돼! 여권도 영사관 친구한테 부탁하면 해결할 수 있을 거야."

1%의 다정함도 없었지만 고 과장의 말에서 묘한 힘이 느껴졌다. 넋을 놓고 있던 오 대리는 그 말에 이성을 찾고 인천공항에서부터 지금까지 거쳐온 곳들을 되짚어보았다.

"허드슨 뉴스!"

오 대리의 외침에 고 과장이 냅다 달리기 시작했다. 20분 전쯤, 기내 잡지는 식상하다며 〈보그〉를 사다달라는 고 과장의 부탁을 받고 오 대리가 LA국제공항 면세구역에 있는 허드슨 뉴스라는 서점에 갔었다. 고 과장이 그걸 기억하고 재빨리 달려간 것이다.

잠시 후 오 대리 앞에 항공권을 사이에 낀 여권을 흔들어 보이며 고 과장이 나타났다. 두 사람은 누가 먼저랄 것도 없이 탑승구를 향해 내달렸다. 티켓을 확인하는 항공사 직원이 눈총을 주었지만, 그들은 멕시코시티로 가는 아메리칸항공 2546편의 33D, 33E석에 무사히 앉을 수 있었다.

그날 밤 11시, 고 과장과 오 대리는 과달라하라의 최고급 호텔 중 한 곳인 리우플라자호텔의 라운지바 블루문에 앉았다. 밤 9시가 넘어 도착한 터라 문을 연 레스토랑을 찾을 수 없어 라운지에서 간단하게 요기할 생각이었다.

오랜 비행 시간에다 비행기를 갈아타며 에너지를 소진한 상태라 두 사람은 앉은 채로 한동안 말이 없었다. 오 대리는 머리를 뒤로 젖힌 채 눈을 감았고, 고 과장은 데킬라 두 잔을 연거푸 마시고 나서 스마트폰을 만지작거리고 있었다.

마침내 오 대리가 먼저 입을 열었다.

"과장님, 고마워요."

"뭐가요?"

고 과장은 모르는 척 능청을 떨었다.

"솔직히 영교상사와 YG패션이 통합되고 저희 팀과 개발기획팀이 한 팀이 되어 같이 일해야 한다고 했을 때 팀원들의 불만이 대단했어요. 여자들이랑 무슨 일을 하겠냐면서요."

오 대리의 말에 고 과장이 장난스레 대꾸했다.

"우린 한강으로 뛰어들려고 했어요. 영교상사 아재들이랑 일해야 한다는 얘기를 듣고."

그러나 오 대리는 웃지 않았다. 무언가를 생각하는 듯 자못 진지한 표정이었다.

"그런데 아까 제가 여권과 항공권을 잃어버려 정신을 못 차리고 있을 때 과장님이 그러셨잖아요. 걱정하지 말라고, 티켓은 다시 끊으면 된다고. 그 말씀이 정말 큰 힘이 되었어요. 그 순간 얼마나 의지가 되었는지 몰라요. 그러면서 정신이 들어 허드슨 뉴스가 생각났어요. 전에는 영교상사의 고참들만 선배로 생각했고 남자들만 진정한 동료가 될 수 있다고 여겼는데… 제 생각이 틀렸습니다."

평소와 달리 오 대리는 말이 많았고, 고 과장은 조용히 들으며 데킬라를 마시고 있었다. 벌써 네 잔째였다.

"저기 근데, 고 과장님, 저랑 학번이 같죠? 군복무 때문에 입사는 2년이 늦었지만. 그래서 말인데 둘이 있을 때는 그냥 편하게 말을 놓는 게 어때요? 친구처럼."

고 과장은 다섯 번째 잔마저 비우고는 테이블 위에 놓인 레몬 접시를 들어 오 대리를 치려는 자세를 취했다.

"싫어, 임마! 넌 입사 한 해 선배인 표 대리한테는 꼬박꼬박 '대리님, 대리님', '형님, 형님' 하잖아. 넌 내가 남자 과장이었어도 같은 학번이니까 말 놓자는 소리를 했겠니?"

약간 술기운이 오른 말투였지만 틀린 말은 아니었다. 당황한 오대리는 아차 싶었는지 데킬라를 주욱 들이켰다.

> 관련 내용 190쪽

El más joven de la guerra

전쟁의 막내들

루벤이 또 문제를 일으켰네. / 올리비아에게 무조건 자신을 따르라 했네. / 올리비아가 칼을 뽑아 드니 루벤이 슬며시 몸을 숨기네.

탁탁탁탁. 밤 11시가 넘은 시각. 사무실에는 자판을 두드리는 소리만 가득했다. 고미정 과장과 오성두 대리를 지원하기 위해 조우빈과 오지아가 늦게까지 남아 일을 처리하는 중이었다. 조우빈은 이어폰을, 오지아는 자기 머리만 한 헤드폰을 끼고 있었다.

따르르릉 따르르릉. 타이핑 소리만 가득했던 사무실에 전화벨 소리가 울려 퍼졌다. 그런데 받는 사람이 없었다. 오지아는 MP3로 조이 배드애스의 '그리스도 의식Christ Conscious'를 듣고 있었고, 조우빈의 이어폰에서는 하이든의 교향곡 100번 G장조 '군대Militaire'가 흘러나오고 있었다.

"야! 너희 지금 뭐 하고 있어?"

"자리 안 지키고 어디서 농땡이 치고 있니?"

PC 화면에 고 과장과 오 대리가 각각 보낸 메시지가 떴다.

놀란 두 사람은 서둘러 메신저로 답장을 보냈다.

"무슨 말씀이세요? 계속 사무실에서 요청하신 자료 만드는 중인데요."

"저녁도 햄버거로 때우고 계속 사무실 죽돌이 했는데요?"

곧바로 고 과장과 오 대리로부터 험악한 이모티콘과 함께 경고 메시지가 날아왔다.

"정신 차리고 전화 잘 받아!"

"여기 상황 심각하게 돌아가고 있으니 힘들어도 정신 바짝 차리고 서포트 잘해야 한다."

메시지를 보자마자 조우빈과 오지아는 누가 먼저랄 것도 없이 끼고 있던 이어폰과 헤드폰을 벗었다.

"아, 전화 좀 받지!"

이 짧은 말이 화근이 되었다. 둘은 팀의 남녀 막내로, 나이도 비슷하고 비교적 말도 잘 통해 친하게 지내는 편이었다. 하지만 오늘은 아니었다. 연일 계속되는 야근에 긴장 속에서 일을 하다 보니 신경이 날카로워져 있었다.

"전화기는 너한테 더 가까이 있었잖아."

"나는 과장님이 급하게 요청하신 자료를 만들고 있었잖아."

"그럼 나는 놀고 있었냐?"

"이 전화기는 네 거잖아. 그리고 아까 온 전화는 내가 받았잖아!"

"뭐? 참 나, 사내가 쪼잔하게 그런 것까지 따지고 있냐?"

"아까부터 고 과장님이 너한테 물어볼게 있을 것 같다며 전화 받으라 그랬잖아!"

"이 전화가 고 과장님 전화인지 다른 사람 전화인지 어떻게 알아?"

"어휴, 그걸 말이라고 하냐? 어떻게 전화 대기도 제대로 못하냐. 군대를 안 갔다 와서 그래?"

"동네 방위 주제에 군대는 무슨…."

"방위 없어진 지가 언젠데? 상근 예비역이거든?"

"방위나 상근이나…."

"그리고 상근 예비역이 전화 걸고 받을 일은 훨씬 더 많거든?"

"그래, 자랑이다."

결국은 유치한 설전으로 끝났지만, 화는 쉽게 가라앉지 않았다.

어느덧 자정이 가까운 시간. 조우빈이 주섬주섬 가방을 챙겨 집에 갈 준비를 하자, 오지아도 책상을 정리하며 퇴근을 서둘렀다. 먼저 조우빈이 입을 열었다.

"야, 니가 나랑 입사일이 같아서 동기 먹으려나 본데, 내가 너보다 두 살이나 많아. 옛날 같았으면 호봉도 너보다 높았을 거야. 어디로 보나 선배인 셈이지. 그리고 다른 회사 친구들한테 들으니까 같은 부서에서는 직급이 같아도 나이가 많으면 오빠라고 부르거나 존칭을 해준다더라. 내가 뭐 꼭 윗사람 대접을 받겠다는 건 아니지만."

조우빈이 주절주절 말을 늘어놓자 정리를 마친 오지아가 가방을 들고 나가며 말했다.

"네, 맞습니다. 옛날이라면 어찌 소녀가 지엄하신 남정네와 겸상

을 하고, 어찌 눈 똑바로 뜨고 바라보겠나이까? 성은이 망극하옵니
다. 저 먼저 가겠사옵니다. 오.빠.”

> 관련 내용 198쪽

꼬임에
넘어가다

Favores indebidos 부적절한 호의

안투로가 유헤이아에게 선심을 베풀며 시를 읊
어달라고 했네. / 한사코 거절하던 유헤이아는
결국 시를 읊었네. / 두 번째, 세 번째 보물의 위
치를 알게 된 안투로는 자취를 감추었네.

"유 대리, 점심 약속 있어?"

"어… 없는데요?"

"그럼 나랑 데이트할까? 맛난 거 사줄게."

"예? 차장님이랑 저랑요? 다른 팀원들은요?"

"데이트라고 했잖아. 단둘이 해야 데이트지."

안두호 차장이 점심을 함께 하자는 말에 유희아 대리는 당황했
다. 나이 차가 많은 상급자와의 식사가 달갑지 않거니와 요즘 들어
부쩍 자신에게 친절한 안 차장의 태도가 영 부담스러웠다. 그렇지만
밥을 사겠다는 상사의 청을 대놓고 거절하기도 어려운 일이었다.

안 차장이 유 대리를 데리고 간 곳은 회사에서 조금 떨어진 거리에 있는 이탈리아 레스토랑이었다. 런치 세트나 단품 파스타는 취급하지 않고 안티페스토Antipasto, 전채요리로 시작하여 프리모Primo, 첫 정찬요리, 피아토 프린치팔레Piatto Principale, 메인 정찬요리, 콘토르노Contorno, 곁들임 요리, 인살라타Insalata, 샐러드를 거쳐 돌체Dolce, 후식와 카페Caffè, 커피로 마무리되는 코스요리 전문 식당이었다. 잡지에 소개된 적이 있어 이미 알고 있었지만 가격이 부담되어 와볼 생각은 못했던 곳이다. 고가의 음식을 먹으면서도 유 대리는 '왜 나한테만 이런 대접을 해주는 거지?' 하는 생각에 불안했다.

식사를 마치고 사무실까지 걸어오는 동안 안 차장이 보인 모습도 꺼림칙했다. 말끝마다 위계질서, 직장생활의 기본 등을 강조하며 여직원들에게 훈계를 일삼던 사람이 "수고가 많다", "두 팀이 합쳐진 후 분위기가 좋아졌다", "남자들끼리만 있을 때보다 훨씬 능률이 높아졌다"며 알랑거리는 것이 민망할 정도였다.

다음 날에도 안 차장은 하나 더 샀다며 유 대리에게 아이스 카페라떼를 가져다주었다. 얼마 전 팀원들과 함께 점심식사를 하고 나서 커피전문점에 가자고 했을 때 "난 원래 커피 안 마셔"라며 혼자 사무실로 갔던 그였다. 그런 사실을 알기에 부담감이 더 커진 유 대리는 난감하고 난처했다. 언젠가 얘기를 해야겠다는 생각이 들었지만, 유약한 성격에 어떻게 말을 꺼내야 할지 망설이고 있었다.

그로부터 며칠 뒤 기회가 찾아왔다. 오후 6시 10분쯤, 퇴근하려고 노트북 전원을 끄려는데 화면에 메신저 창이 떴다. 안 차장이 보낸 것이었다.

"유 대리, 바빠? 시간 되면 회의실에서 나 좀 잠깐 보고 갈 수 있을까? 3분 정도면 되는데…."

유 대리는 잘됐다 싶었다. 이번에 자신의 생각을 솔직히 말하고 앞으로는 개인적인 관심이나 개별적인 만남은 주의해달라고 부탁할 작정이었다.

회의실에서 먼저 기다리고 있던 안 차장은 유 대리가 미처 인사를 건네기도 전에 속사포처럼 말을 쏟아내기 시작했다.

"유 대리도 알다시피 내가 해외 현장에 대해서는 조금 어둡잖아. 그래서 말인데, 한 가지 부탁이 있어. 유 대리랑 오지아 씨가 우리 경쟁사인 대영상사의 중남미사업 관련 자료를 취합하고 있다고 들었는데, 나한테 공유 좀 해줄 수 있을까?"

"네? 그걸 어떻게…."

"어쩌다 알게 됐어. 배 팀장이 유 대리한테 비밀리에 지시했다는 사실도."

"근데… 그 자료는 아직 완성이 안 돼서…."

"응, 알아. 그냥 공부 차원에서 보려고 하는 거니까 미완성이어도 괜찮아."

"그게요, 팀장님께서 다른 사람한테는 절대 알리지 말고 본인한테만 보고하라고 하셨는데…."

"그것도 알아. 절대 아는 체하지 않고 나만 보고 폐기할 테니까 지금까지 만든 자료만 보내주면 돼. 알았지?"

"아… 네."

"오케이! 생큐!"

안 차장은 몹시 난처해하는 유 대리의 어깨를 두어 번 토닥거리고는 뭐가 그리 신났는지 춤을 추듯 스텝을 밟으며 회의실을 나갔다. 유 대리가 겨우 물었다.

"지아도 자료를 갖고 있는데, 왜 하필 저한테…?"

출입문을 반쯤 열고 나가려던 안 차장이 다시 문을 닫으면서 말했다.

"그거야, 나랑 유 대리 사이가 각별하니까. 안 그래?"

윙크까지 날리며 밖으로 나가는 안 차장을 유 대리는 멍하니 쳐다보았다.

> 관련 내용 206쪽

새나간 비밀

enemigo de una mujer 여자의 적

보석 장신구를 두고 다투는 록산느와 고미에게 표르지오와 루벤이 손가락질을 했네. / "아마조네스의 적은 아마조네스, 아마조네스의 적은 아마조네스." / 한편 유헤이아 덕분에 보물의 위치를 알게 된 안투로는 세르히오와 마테오의 원정대가 되어 다시 나타났네. / "배신자여, 용서하지 못할 배신자여!"

통화를 하고 있던 노옥선 차장이 버럭 소리를 질렀다. 바른 소리를 곧잘 하는 편이지만 다혈질의 고미정 과장이나 오지아와 달리 조곤조곤 차분하게 얘기하는 스타일이라 직원들 사이에서 '노 논설위원님'이라는 별명으로 불리던 그가 얼마나 화가 났는지 자리에도 앉지 못한 채 핏대를 올리고 있었다.

들자 하니 멕시코 현지 실사를 나간 고미정 과장과 다투는 모양이었다.

"고 과장, 너는 그렇게 얘기하면 안 되지! 그런 식으로 말하면 요즘 팀에서 고생 안 하는 사람이 어디 있어? 현장 사정만 고려해달라고 하면 여기서 준비하는 우리는 현장이 아니니? 우리도 너희만큼이나 발에 땀나게 뛰고 있어!"

노 차장은 그렇게 10여 분을 통화하고 나서 수화기를 던지듯 내려놓고는 도저히 분을 삭이지 못하겠는지 벌겋게 달아오른 얼굴로 씩씩거리며 사무실을 나가버렸다. 그러자 두 여자의 말싸움에 기가 눌려 아무 말도 못하고 있던 표지오 대리와 조우빈이 수군거리기 시작했다.

"역시 옛말이 틀린 게 하나도 없어."

"예? 무슨 옛말요?"

"왜 있잖아, 여적여女敵女."

"여적여요? 그건 또 무슨 말이에요."

"어휴, 상식 공부 좀 해라. 맨날 퇴근하고 집에 가서 게임만 하지 말고. 여적여, 여자의 적은 여자라는 말 몰라?"

"아! 알죠."

"처음에는 남자나 여자나 비슷하게 직장생활을 시작하는 것 같아도 나중에 보면 팀장이나 임원 중에 왜 남자가 압도적으로 많은 줄 알아?"

"여자들끼리 서로 싸워서 그렇다는 건가요?"

"그렇지. 여자들은 자기보다 잘나가는 남자는 두고 봐도 잘나가는 여자는 놔두지 못한다니까."

"그럼 노 차장님도?"

"그치. 요새 고미정 과장이 멕시코 현지에서 막바지 작업을 한다고 부회장님도, 팀장님도 하나같이 '고미정이 고생한다', '고미정 수고가 많다'며 관심을 기울이니까."

지나가던 오지아가 두 사람의 대화를 듣고는 말했다.

"기원전 12세기 트로이전쟁 때 스파르타의 왕비 헬레나를 둘러싸고 트로이의 남자 헥토르와 프리아모스, 파리스, 그리고 그리스 동맹군의 남자 아가멤논, 오디세우스, 아킬레우스 등이 싸웠죠. 《삼국지》를 보면 위나라의 남자 조조, 오나라의 남자 손권, 촉나라의 남자 유비가 싸우죠. 20세기 초에 벌어진 2차 세계대전은 또 어떻고요. 남자 히틀러랑 남자 처칠이 세게 붙었죠. 수천 수만 년 동안 싸움이란 싸움은 남자들끼리 다 벌여놓고서 전화로 언성 좀 높였다고 무슨 놈의 여적여라고 난리야?"

머쓱해진 표 대리는 딴청을 피웠지만 조우빈은 도리어 반발했다. 아무래도 얼마 전에 다툰 앙금이 남아 있는 것 같았다.

"야! 그거랑 여자들 투닥대는 거랑 어떻게 같냐?"

"그럼 뭐가 다른데?"

"네가 말한 전쟁들은 자기 조국을 지키려고 남자들이 대신 나선 거잖아."

오지아는 조우빈의 어깨를 툭 치면서 한마디를 날렸다.

"방금 노 차장님과 고 과장님 두 분도 회사를 지키려고 대신 싸운 거야. 싸움은 다 싸움이지 남자들이 싸우면 성전聖戰이고 여자들이 싸우면 무슨 시장통 개싸움이냐?"

얼마 후 노옥선 차장이 돌아왔다. 진정이 됐는지 멕시코로 보낼 자료를 다시 준비하기 시작했고, 표지오 대리와 조우빈, 오지아 역시 각자의 자리에서 업무를 보고 있었다.

방금 미팅을 마친 배 팀장이 무슨 문제가 생긴 듯 어두운 얼굴이 되어 사무실로 들어왔다.

"잠깐 회의실로 모여봐요."

심상치 않은 느낌에 팀원들은 벌떡 자리에서 일어나 잰걸음으로 움직였다.

"지금은 다 얘기해줄 수 없지만, 결과적으로 일이 꼬이고 말았어요. 내가 그렇게 보안에 만전을 기하라고 했는데도 우리가 하는 작업 내용이 조세호 사장님과 다른 조직에 다 퍼졌나 봐요"

"어머! 어쩌다가….'"

노 차장이 깜짝 놀라 손을 마주 쳤고, 다른 직원들도 놀란 눈으로 서로를 쳐다보았다. 심각한 표정이었던 배 팀장이 조금은 누그러진 얼굴로 침착하게 말을 이어나갔다.

"난처한 상황이지만 오히려 잘됐습니다. 이번 일을 교훈 삼아 더욱 언행을 조심해주시고 업무 추진에 좀 더 속도를 내주기 바랍니다."

조우빈이 물었다.

"팀장님, 정보가 얼마나 넘어간 겁니까?"

"팀장인 저와 윤 부장이 준비한 자료를 제외하고 여러분이 개별적으로 만든 자료가 몽땅 넘어갔다고 보면 됩니다."

팀원들은 맥이 탁 풀렸다.

"저기, 팀장님. 근데… 누가 우리 정보를 외부에 흘렸을까요?"

표 대리가 오지아 쪽을 쳐다보다가 이내 고개를 돌렸다. 일전에 수다 얘기를 꺼냈다가 본전도 못 찾은 기억이 났기 때문이다. 팀원들을 둘러보던 조우빈이 뭔가 발견한 듯 물었다.

"안 차장님이 안 계시네요. 담배 피우러 가셨나?"

"아니야. 오늘 오후 내내 자리에 안 계셨어. 외근이라도 가셨나?"

"팀장님, 회의가 길어질 것 같으면 지금이라도 얼른 오시라고 연락해볼까요?"

표 대리와 조우빈이 휴대폰을 꺼내 들었다.

"그럴 필요 없어요. 안 차장은 이미 만났습니다. 우리가 회의하는 동안 짐을 챙겨서 옆 건물로 옮겨갈 겁니다."

"옆 건물이라면… B동에요?"

"YG코퍼레이션 사업전략팀으로 이동할 거예요."

배 팀장의 말에 팀원들 모두 어안이 벙벙해져 아무 말도 꺼내지 못했다. 진급 시기도, 조직개편 시점도 아닌데 뜬금없이 이루어지는 이동이었다. 게다가 배 팀장의 개발기획팀에 사사건건 시비를 거는 마태호 팀장의 사업전략팀으로 간다고 하니 충격은 더욱 클 수밖에 없었다.

잠시 멍하니 있던 팀원들이 이제는 무언가 알겠다는 표정을 지었다.

"안두호 그 인간이…!"

"안 차장님이 그럴 분이 아닌데…."

"아니야, 전부터 마 팀장을 가까이하고, 마 팀장도 유독 안 차장을 챙기는 거 같았어."

"아무리 그래도 안두호 씨… 너무하네."

영교상사와 YG패션이 합병하기 전, 안 차장은 배 팀장의 참모로서 팀의 맏형 역할을 톡톡히 했었다. 간혹 승진이나 팀장 자리에 대한 욕심을 드러낼 때도 있었지만, 문제가 될 정도는 아니었다. 배 팀장도 그런 그를 편하게 대해주었다.

안 차장이 돌변한 것은 YG코퍼레이션이 출범하면서부터였다. YG패션에서 온 윤이화 부장이 자신과 배 팀장의 사이에 새롭게 등장하면서 팀 내 2인자 위치에서 밀려나게 되었고, 업무에서도 해외 사정에 밝은 노옥선 차장에게 물먹는 경우가 많아지면서 입지가 좁아져 위기의식을 갖게 되었다. 살 궁리를 하던 중 마태호 부장의 눈에 들게 되었고, 그때부터 전과 다른 사람이 되어갔다.

회의실의 유리벽 너머로 안 차장과 두어 명의 직원이 짐이 든 박스와 카트를 끌고 나가는 모습이 보였다.

"여기서 회의를 마칩시다. 내일 귀국할 고미정 과장과 오성두 대리에게도 지금 상황을 알려주고, 당분간 충원은 없을 테니 안 차장이 맡았던 업무는 표 대리와 오 대리가 대신하고, 노 차장이 옆에서 살펴주세요."

모두가 일어서려는데 조우빈이 뭔가 미심쩍은 듯 말했다.

"그런데 안 차장님, 아니 안두호 그 인간이 어떻게 우리 자료를 몽땅 털어갈 수 있었죠? 다른 건 몰라도 몇몇 자료는 담당자랑 팀장님만 알고 있었을 텐데요."

아까부터 좌불안석이 되어 배 팀장의 이야기를 듣고 있던 유희아 대리가 조우빈의 말에 대꾸하려고 하자 옆에 있던 노 차장이 그의 손을 잡으며 고개를 가로저었다. 그러고는 소리 나지 않게 입 모양으로 말했다.

'하지 마.'

▽

▽

▽

> 관련 내용 216쪽

Los mejores amigos 가장좋은친구들

비센테가 율리아에게 손을 내밀었네. / "용맹한
전사여, 내가 지켜본 그대는 진정한 여전사였도
다." / 율리아가 비센테의 손을 잡으며 말했네. /
"고맙다, 이방인이여. 그러나 나는 여전사가 아
니라 전사일 뿐. 진정한 친구가 되고 싶다면 나
를 달리 보아야 할 것이다."

며칠이 지났지만 회사는 의외로 잠잠했다. 특별한 동태도 없었고,
배 팀장을 비롯한 개발기획팀에도 달라진 것이 없었다.

"똑똑, 들어가도 되겠습니까?"

윤이화 부장이었다. 그는 말로 노크를 대신하는 독특한 버릇이
있었다. 자료를 보느라 노트북 화면에 시선을 고정하고 있던 배 팀
장이 안경을 벗으며 윤 부장을 맞았다.

"들어오세요."

잠시 티타임을 갖자며 배 팀장이 윤 부장을 부른 것이었다. 한데
아무런 말이 없었다. 머쓱해진 윤 부장은 사무실 내부를 살피다가
한 곳에 눈길이 머물렀다. 녹색 목각조각이었다.

"저 조각, 오랜만에 보네요."

"아, 그래요? 늘 저 자리에 있었는데…."

드디어 배 팀장이 입을 열자 윤 부장이 말을 이었다.

"안 차장은 보셨나요? 저는 점심시간에 두어 번 마주쳤는데 먼저 피하더군요."

"저는 아직 만난 적은 없고, 엊그제 밤 늦게 전화를 했더군요. 술에 취해서."

"뭐라고 하던가요?"

"글쎄요… 많이 취해서 혀 꼬부라진 소리로 말한 거라…."

"그랬군요. 그런데 저를 보자고 하신 건…?"

어느새 배 팀장은 목각조각을 손에 쥐고 만지작거리고 있었다.

"윤 부장을 보자고 한 건 고맙다는 말을 하고 싶어서요. 이번에 윤 부장이 팀원들을 잘 다독여 큰 탈 없이 분위기를 수습할 수 있었어요. 고마워요. 그리고 또 부탁하고 싶은 게 있어요."

눈치 빠른 윤 부장은 배 팀장이 자신에게 무엇을 부탁하려는지 금세 알아차렸다.

"유 대리 문제인가요?"

"문제는 아니고요."

"우리 내부 자료를 안 차장에게 건넨 유 대리에게 책임을 물으려고 하시는 거 아닌가요?"

배 팀장은 아니라며 손사래를 쳤다.

"잘못이 있다면 안 차장에게 있고, 그것을 미리 막지 못한 저한테 있지 상사의 부탁을 들어준 유 대리에게는 아무 잘못이 없습니

다. 안 차장 문제에 대해서는 이미 부회장님께 '없었던 일로 하겠다'
고 보고한 상태이고, 앞으로도 그에 대한 언급은 일체 없을 겁니다.
다만⋯."

"다만⋯?"

배 팀장은 그동안 남녀 직원들이 화합을 이루고 시너지를 발휘할 수
있도록 많은 고민을 해왔고, 필요한 지원을 위해 노력했다고 자부했
다. 다행히 초기의 불협화음과 충돌의 위기를 비교적 원만히 넘기며
하나의 팀다운 모습을 갖추어가고 있었다. '여직원들은'이라는 말을
입에 달고 살던 표지오 대리도 조심하며 여직원들을 자극하는 표현
을 삼가게 되었고, 남직원들을 '무식한 인간들'로 매도하며 무시하
던 고미정 과장도 남직원들과 잘 어울려 지내는 듯했다. 문제는 유
희아 대리였다. 여전히 소극적인 태도로 남직원들과의 소통을 어려
워했고, 여직원들과도 그리 잘 지내지 못하는 것 같았다. 원래부터
소심하고 유약한 성격인 데다 안 차장과 연루된 문제로 홍역을 치르
면서 더 의기소침해진 모습이었다.

"윤 부장께서 유 대리가 자신감을 되찾고 자기 몫을 다할 수 있
도록 코칭을 좀 해주시면 좋겠습니다. 일종의 멘토링이랄까요?"

윤 부장은 골똘히 생각에 잠기더니 고개를 저었다. 곤란하다는
뜻이었다.

처음에 걱정했던 것과 달리 누구보다 적극적으로 배 팀장의 뜻
을 따라주고 팀장의 권위를 세워주려고 노력한 윤 부장이었다. 그런
사람이 응당 들어줄 줄 알았던 부탁을 거절하다니, 배 팀장은 순간

당황스러웠다.

"팀장님, 만일 표 대리나 오 대리, 조우빈 씨가 비슷한 문제를 겪고 있다고 해도 저에게 멘토링을 부탁하셨을까요?"

"아니, 그거야 윤 부장이 함께 일하면서 지켜봤으니까 잘 알 것 같아서…."

"유 대리는 원래 디자인팀으로 입사했다가 두 회사가 합병하기 직전에 저희 팀에 합류한 직원이라 함께 일한 기간은 팀장님이나 저나 비슷할 겁니다."

"그건 그렇지만…."

"같은 여자니까 더 편하게 이야기하고 잘 이해할 수 있을 거라는 말씀을 하고 싶으신 거죠?"

배 팀장은 아니라는 말을 하지 못했다. 사실이 그랬기 때문이다.

"거꾸로 제가 팀장님께 부탁드려야 할 것 같은데요? 유 대리의 멘토가 되어주세요. 팀장님의 경륜과 조직 전반에 대한 안목으로 유 대리에게 꼭 필요한 조언을 해주시면 좋겠어요. 부탁드릴게요."

말을 마친 윤 부장이 밖으로 나가는 모습을 보며 배 팀장은 문득 자신이 쥐고 있는 목각조각의 존재를 알아차렸다. 눈에 들어온 면에 적힌 글씨는 희미해서 알아보기가 어려웠지만, 맨 위에 적힌 구절은 비교적 선명해서 읽을 수 있었다.

'Los mejores amigos'

"가장 좋은 친구들이라… 과연 그럴까?"

며칠 뒤 저녁시간. 유희아 대리는 배 팀장과 함께 회사 인근의 식당에서 식사를 하게 되었다. 음식을 주문하고 나오기까지 두 사람은 말이 없었다.

"자, 듭시다. 배가 많이 고프네."

그 말이 떨어지기가 무섭게 유 대리가 갑자기 눈물을 흘리더니 이내 엉엉 소리 내어 울기 시작했다. 주변 테이블에 있던 사람들이 이상한 눈으로 쳐다보며 수군거렸고, 배 팀장은 난처해서 어찌할 바를 몰랐다. 겨우 감정을 추스른 유 대리가 기어들어가는 목소리로 말을 꺼냈다.

"팀장님…, 오늘 보자고 하신 이유, 잘 알아요. 죄송해요."

울먹이며 말하는 유 대리를 보고 배 팀장이 수저를 내려놓고 이야기를 시작했다.

"유 대리, 내가 회사 사람들한테는 처음으로 하는 이야기인데, 돌아가신 제 아버지의 성격이 정말로 불같았거든요. 밥을 드시다가 반찬이 입에 맞지 않으면 상을 둘러엎기 일쑤였고, 어머니가 무슨 말을 하려고 하면 '여자가 어디 감히!'라며 손찌검을 하시기도 했어요. 그런데 어린 시절의 나한테 정말로 충격이었던 게 뭔지 알아요?"

유 대리가 놀란 눈으로 물었다.

"뭔… 데요?"

"엎어진 밥상을 다시 세우고 깨진 그릇들을 치우고 쏟아진 반찬을 행주로 닦아내며 아버지한테 하신 말씀이었어요. '미안해요. 잘못했어요'라고. 그래도 아버지는 미안한 기색도 없이 당당하기만 했죠."

유 대리의 눈가에 다시 눈물이 맺혔다.

"유 대리, 잘못했다는 말은 상처받은 사람, 억울하게 당한 약자가 할 게 아니에요. 잘못한 사람이 해야 하는 거예요. 잘못하지도 않았는데 순간의 두려움 때문에 잘못했다고 말해버리면 진짜로 잘못한 사람을 도와주는 것과 같아요. 맞서기도 어렵고 처벌할 이유도 찾기 힘들어져요."

배 팀장을 바라보는 유 대리의 얼굴에 안도의 빛이 감돌았다.

"난 유 대리가 이번 일로 마음에 상처를 받지 않았으면 해요. 안 차장한테 당한 약한 사람일 수는 있어도, 잘못한 사람은 아니라고 생각해요. 또 우리 모두가 힘을 모아 잘못한 사람의 책임을 묻고 처벌해야 한다고 생각해요. 그러니 이제부터는 '미안하다. 잘못했다'는 말은 하지 말아요."

배 팀장의 말을 듣고 한결 편안해진 유 대리가 말했다.

"팀장님, 정말 감사합니다."

> 관련 내용 224쪽

El nuevo partido　새로운 상대

잔치를 앞두고 원정대와 아마조네스가 심하게
다투었네. / "방식이 다르니 우리의 풍습을 따
르라." / "이곳은 아마존, 아마존의 방식을 따르
라."

"지금부터 정기 이사회를 시작하도록 하겠습니다. 먼저, 준법경영
실 실장께서 오늘 이사회에 상정된 안건들을 안내해주시기 바랍니
다."

　조선아 부회장의 개회사에 이어 YG코퍼레이션의 법무 관련 업
무를 맡고 있는 최태훈 전무가 안건들을 읽어 내려갔다.

　"3호 안건, 청주공장 제3라인 증설투자 심의에 관한 건, 그리고
마지막으로…."

　최 전무가 잠깐 뜸을 들이며 안경을 고쳐 썼다. 그와 동시에 상세
한 안건 설명을 위해 배석한 배 팀장이 허리를 곧추세워 자세를 바
로잡았다. 긴장한 기색이 역력했다. 그의 맞은편에는 노트북을 조

작하는, 일명 '판돌이' 역할을 하기 위해 유희아 대리가 앉아 있었다. 극구 마다하는 유 대리를 배 팀장이 설득해서 들어오게 했다. 다른 팀원들은 이사회장에는 들어가지 못하고 바깥에서 만일의 경우에 대비하고 있었다.

"에, 그리고 마지막 4호 안건은… 3대 주요 사업본부로의 조직 개편 및 임원 인사 건입니다."

그 말이 떨어짐과 동시에 조용했던 대회의실에 고성이 울렸다.

"아니, 그게 무슨 말도 안 되는 소리야! 회사를 산산조각 내서 나누기라도 하겠다는 말이야?"

조세호 사장이었다. 그의 심복 마태호 부장도 거들었다.

"거기, 개발기획팀은 개발에나 힘쓰고 돈 벌 궁리나 할 것이지 뭔 놈의 전략을 들먹거리는 거야? 게다가 조직 개편? 임원 인사? 너희가 인사팀이야?"

동기인 배선태 팀장을 겨냥한 말이었지만, 사외이사들까지 참석한 이사회에서 반말은 도를 넘은 것이었다. 배 팀장은 조 사장에게 잘 보이려는 마 부장을 쓸쓸하게 쳐다보다가 해당 안건의 필요성을 조목조목 설명했다.

설명이 끝나고 자유토론이 시작되자 조세호 사장이 격한 말들을 쏟아내며 험악한 분위기로 몰아갔다. 거의 싸우자고 덤비는 모습이 직접적으로 지목하진 않았지만 그 칼끝이 조선아 부회장을 향해 있다는 사실을 모르는 사람은 없었다.

"이봐 마 부장, 내가 말한 자료를 화면에 띄우고 설명 좀 해봐."

마태호 부장은 안 차장에게 준비한 자료를 스크린에 띄우게 하고는 조목조목 반박했다.

조 사장이 회심의 미소를 지으며 말했다.

"원래 오늘 상정하려고 했던 안건은 아닌데, 일이 이렇게 된 이상 어쩔 수 없네요. 지금의 분란을 포함하여 취임 직후부터 계속해서 문제를 일으켜온 조선아 대표이사 부회장의 퇴진과 개발기획팀을 비롯해 불필요한 조직들의 통폐합을 제안하며, 비상 안건으로 표결 상정을 요청합니다."

예상치 못한 조세호 사장의 반격이었다.

조 부회장은 지긋이 눈을 감았고, 배 팀장은 당황했다. 이런 분위기에서 표결로 간다면 승리를 장담할 수 없었기 때문이다. 상황을 반전시킬 한 방이 필요한 순간이었다.

"잠시만요!"

이사회 진행을 맡은 최 전무가 표결을 위해 자리에서 일어서려고 할 때 노트북을 조작하고 있던 유희아 대리가 손을 들었다. 손끝을 떠는 것이 멀리서도 보일 정도였지만, 목소리만큼은 묘한 힘이 느껴졌다.

"아까 마태호 부장님께서 발표하신 자료 말인데요, 수치가 잘못돼 있어요. 사업 전망과 실적 추정의 근거로 제시한 수치에 문제가 있어요. 3개 사업본부로 독립 운영할 때의 추정 매출과 영업이익은 너무 적게 잡혀 있고, 조 사장님이 맡으신 사업 수익은 지나치게 많이 잡혀 있어요."

갑작스러운 유 대리의 지적에 마 부장이 되받아쳤다.

"아니, 여기가 어디라고 감히 대리 나부랭이가 맞니 틀리니 나서
는 거야!"

유 대리 바로 옆에서 노트북을 만지던 안 차장도 언성을 높였다.

"유 대리, 자료가 틀린지 맞는지 네가 어떻게 알아?"

유 대리도 지지 않고 안 차장을 노려보며 말했다.

"안 차장, 당신이 띄운 그 자료, 내가 만든 거니까. 당신이 우리
를 배신하고 나한테서 빼내간 자료잖아!"

유 대리는 자료를 종합하면서 유동적인 환율을 감안하여 매출과
영업이익에 임의의 수치를 집어넣고 이사회 개최 전날에 최종 고시
환율을 확인한 뒤 정확한 수치로 수정할 생각이었다. 안두호 차장이
가져간 자료는 수정 전 상태였던 것이다.

"후배 사원을 꾀어 도둑질한 자료가 부끄럽지도 않습니까?"

유 대리의 날 선 공격에 회의실이 술렁였다. 안 차장은 안절부절
못했고, 조세호 사장과 마태호 부장은 속으로 아차 싶었지만 태연한
척하며 수치의 오류는 큰 문제가 아니라면서 표결을 극력 주장했다.

우여곡절 끝에 표결이 이루어졌고, 결과는 조 부회장과 배 팀장
이 준비한 안건의 통과였다.

이사회가 끝나고 YG코퍼레이션은 빠르게 움직였다. 조 부회장의
구상대로 전체 조직이 모로코 탕헤르에 거점을 두고 유럽과 아프리
카를 총괄하는 유아EU-Africa사업본부, 카자흐스탄의 알마티에 거
점을 두고 중동, 인도, 중국을 포함한 아시아 전역을 책임지는 아시
아Asia사업본부, 그리고 멕시코 과달라하라에 거점을 두고 북미와

남미 모두를 아우르는 아메리카America 사업본부로 재편되었고, 한국의 YG코퍼레이션은 지주회사 역할의 ㈜YG로 변경되었다. 더불어 조선아 부회장이 회장의 자리에 오르게 되었다.

자료 유출에 대한 진상조사도 이루어졌다. 준법경영실의 최 전무가 책임을 맡아 조사하는 과정에서 마 부장이 보고한 자료의 문제점들이 확연히 드러났다. 실적을 부풀리려고 소수점의 위치를 교묘하게 바꾸거나 반올림 등을 하여 조작한 흔적이 발견되었다. 그와 함께 조 사장이 직접 지시한 정황들이 속속 밝혀졌고, 회사 비용을 마음대로 유용하여 사적으로 선물을 구입하거나 해외여행 경비로 전용했다는 증거들까지 나왔다. 결국 조 사장은 퇴임을 면하는 대신 YG코퍼레이션의 모든 직책에서 물러나 작은 자회사를 맡는 것으로 매듭지어졌다. 마태호 부장 역시 조 사장을 따라 같은 회사로 이동할 예정이라고 했다.

그런데 안두호 차장에 대해서는 별다른 언급이 없었다. 들리는 소문으로는 YG그룹의 방계회사쯤 되는 작은 물류회사의 낮은 직급으로 발령을 받았다고 했다. 그럴 경우 보통은 한두 직급 위로 이동하기 마련인데, 그를 챙겨주는 사람이 아무도 없었던 것이다. 그야말로 갓끈 떨어진 신세와 다를 바 없었다.

반면 개발기획팀에는 경사가 겹쳤다. 어려운 미션을 성공적으로 완수한 배선태 부장은 연초에 발표된 임원 인사에서 상무로 승진하여 ㈜YG의 경영전략과 사업지원을 총괄하는 경영관리부문장을 맡게 되었고, 그의 뒤를 이어 윤이화 부장이 개발기획팀장으로 선임되었다. 새로 합류하는 이들도 있었다. 영업지원팀에서 해외법인에 대한 지원 업무를 맡았던 심훈 과장과 회계팀에서 해외법인 송금 및 정산 관련 업무를 해오던 안현아 대리가 그들이었다. 개발기획팀의 위상과 미래를 능히 짐작하게 하는 인사였다.

"하나, 둘, 셋!"

펑, 펑. 회의실 안에서 폭죽 터지는 소리와 샴페인 터뜨리는 소리가 연달아 울렸다.

"너무 소란을 피우는 거 아냐?"

이날의 주인공인 배 팀장은 자제하라는 듯 말했지만 싫지 않은 기색이었다. 진행을 맡은 표 대리는 계속해서 너스레를 떨며 분위기를 돋우었다.

"팀장님, 아니지… 상무님, 얼른 케이크 자르세요!"

"윤 팀장님도 같이 자르시죠."

"잠깐만요! 유 대리 어딨어? 우리 팀의 일등 공신, 눈물의 여왕! 유 대리랑 셋이서 함께 커팅식을 하시지요."

케이크를 자르고 음료수 잔을 건네며 여기저기서 배 상무와 윤 팀장을 향해 축하의 인사가 쏟아졌다. 웃음 소리와 잔 부딪치는 소리가 왁자지껄한 가운데 표 대리가 모두를 향해 큰 소리로 말했다.

"잠깐만요. 여기 계신 모든 분께 드릴 말씀이 있어요. 배 팀장님의 상무 승진과 윤 부장님의 팀장 선임을 축하할 겸, 빠듯한 일정 탓에 미루어왔던 회식과 야유회 등등을 한 방에 해결하는 차원에서 이번 달 마지막 주 금요일과 토요일에 1박 2일로 워크숍을 가는 건 어떻겠습니까? 회장님과 상무님께서 크게 한턱내실 줄 믿습니다. 정말 기대되죠? 저랑 우빈이랑 세부계획을 짜서 이메일로 알려드릴 테니 한 분도 빠짐없이 참석해주시기 바랍니다. 자, 박수!"

갑자기 튀어나온 제안이었지만 분위기가 분위기인지라 사람들은 표 대리의 말에 다 같이 박수를 치며 호응해주었다.

잠시 후.

"뭐? 못 간다고?"

버럭 화를 내는 듯한 말소리에 깜짝 놀란 사람들이 돌아보니 표 대리가 오지아에게 인상을 쓰고 있었다.

"선약이 있어요."

"선약? 야, 그런 거는 미루든 취소하든 해야지. 회사 행사가 우선이지!"

"그런 법이 어디 있어요? 먼저 한 약속을 지키는 게 도리죠. 중요 업무도 아니고 놀러 가는 워크숍 때문에 선약을 어기라는 게 말이 돼요?"

"회사 워크숍도 업무의 일환인 거 몰라? 그리고 선약이 있어도 경중을 따져서 양해를 구하고 바꿀 수도 있는 거 아냐?"

"저는 왜 그래야 하는지 모르겠어요. 단지 친구를 만나서 밥이나 먹으려는 게 아니라 여러 사람이 준비해온 행사라서 빠질 수가 없어요."

"됐어! 그럼 넌 오지 마!"

이 와중에 정작 난처해진 사람은 배 상무였다. 상무 승진이 확정되었다는 인사팀의 통보를 받고 그동안 프로젝트에 매여 쉬지도 못하고 고생한 팀원들을 생각해서 표 대리에게 "우리 모두 어디 가서 바람이나 쐬고 올까?"라며 운을 띄웠는데, 그때만 해도 가볍게 당일치기 야유회 정도를 생각하고 있었다. 그런데 느닷없이 표 대리가 1박 2일 워크숍을 가자고 말해버린 것이다. 의외의 상황에 직면한 배 상무는 자신 때문에 벌어진 일 같아서 난감했다.

윤 팀장이 낌새를 채고 배 상무에게 눈짓으로 신호를 보내고 수습에 나섰다.

"배 상무님의 영전을 축하드리고 싶은 여러분들의 뜻은 잘 알겠는데, 아직 마무리해야 할 일도 있고 배 상무님도 새로 파악해야 할 업무가 많으실 테니 1박 2일 워크숍은 좀 부담이 될 수도 있을 것 같아요. 그건 다음으로 미루고 이번 주에 적당한 날을 잡아서 다 같이 회식을 하면 어떨까요?"

배 상무는 아무도 모르게 안도의 숨을 쉬었다.

"그렇게 하시죠. 표 대리나 우빈 씨가 좋은 식당 한번 알아봐. 비용은 걱정하지 말고."

그 말에 팀원들이 환호하며 자칫 썰렁할 뻔한 분위기가 즐겁게 마무리되었다. 하지만 표 대리는 분이 가시지 않는지 옆에 있는 조우빈에게 연신 투덜거렸다.

"오지아 쟤는 전에 꺼낸 수다 얘기를 아직도 맘에 담아두고 있나 봐. 무슨 말만 하면 반기를 들잖아. 여자들은 정말… 피곤해."

조우빈이 조심스럽게 답했다.

"형, 저도 실은 1박 2일 워크숍은 좀 부담스러워요. 괜찮은 식당이나 같이 알아보시죠."

> 관련 내용 233쪽

Guardián 보호자

록산느가 가족을 돌보기 위해 약초를 구해 돌아
갔네. / "전사답지 못한 모습, 결국엔 밥짓는 여
자였군." / 웅성대는 원정대에게 율리아가 외쳤
네. / "그대들이 떠나온 스페인에서 가족을 돌보
는 이들을 생각해보라!"

목요일 저녁, 회사 건물 뒤편 골목길에 25인승 마이크로버스 한 대
가 시동을 켠 채 서 있었다. 저녁 회식을 예약한 갈비집에서 보낸 차
량이었다.

　마음이 상해 있는 표 대리를 대신해 식당 예약을 비롯한 회식 준
비 전체를 맡아야 했던 조우빈이 마지막으로 버스에 올라 탑승한 사
람의 숫자를 셌다.

　"하나, 둘… 아홉, 열. 어? 한 사람이 비는데? 혹시 안 타신 분이
있나요?"

　"야, 혹시 돼지 가족 소풍 가듯 너 빼고 센 거 아냐?"

　오성두 대리가 놀리듯 말했다.

"아닌데… 저까지 열한 명이 되어야 맞는데."

"우빈 씨, 아무래도 노 차장은 오늘 회식에 못 올 것 같아. 이제 출발해도 돼."

마침 통화를 끝낸 윤이화 부장이 조우빈에게 말했다.

같은 시각, 노 차장은 택시를 타고 올림픽대로를 달리고 있었다. 여느 때 같았으면 비싼 요금 때문에 이용하지 않았을 모범택시를 급한 마음에 잡아 타고 집으로 가는 길이었다.

퇴근 무렵, 회식에 가려고 책상 정리를 하고 있던 노 차장의 휴대폰이 울렸다. 유치원에 다니는 둘째아이를 돌봐주는 친정어머니로부터 걸려온 전화였다. 집에 들어올 때만 해도 멀쩡했던 아이가 간식을 먹은 후에 갑자기 열이 오르기 시작하더니 몸이 불덩이로 변했다는 것이었다. 해열제를 먹이긴 했는데, 좀처럼 열이 내릴 기미가 보이지 않는다고 했다. 놀란 노 차장은 그 길로 부랴부랴 사무실을 나섰다.

사람들이 탄 마이크로버스는 강북 강변도로를 달려 행주산성 쪽으로 향하고 있었다. 뒷자리에 나란히 앉은 남직원들이 이야기를 나누었다.

"근데 노 차장님은 애가 하나야?"

"아닐걸? 둘인가 그럴걸?"

"둘이에요. 큰애가 딸이고 둘째가 아들이에요. 딸은 초등학교 2학년이고, 아들은 유치원에 다니고 있어요."

"와, 넌 어떻게 남의 집 호구조사를 그렇게 샅샅이 하고 있냐?"

"함께 일하는 분에 대한 관심이죠."

"노 차장님은 남편이 없어?"

"그러게. 애가 아플 때 와이프한테 사정이 있으면 남편이 대신 돌봐줄 수도 있는데."

그러더니 세 남자는 요즘엔 남자들도 육아에 관심이 많다, 어떤 면에서는 남자들이 육아를 더 잘한다, 노 차장이 회식에 오기 싫으니까 애 핑계 대는 거다 등등의 말을 주절주절 늘어놓았다.

앞자리에 있던 윤 부장이 듣다 못해 고개를 돌려 세 남자를 향해 말했다.

"이봐요, 총각님들. 꼭 그런 것만은 아닌 것 같은데? 나도 인정하기 싫지만 아직까지 우리나라에서는 남자가 키우는 애와 여자가 키우는 애가 따로 있다고 봐요. 나중에 결혼해서 아이를 낳아 키워보면 알 거예요. 아, 물론 그러고도 깨닫지 못하는 남자가 훨씬 더 많지만…."

> 관련 내용 241쪽

▽

▽

▽

Días después 며칠 후

잔치를 통해 더 가까워진 아마조네스 전사들과
원정대 대원들. / 비센테와 율리아가 흐뭇한 얼
굴로 바라보네. / 더 강해진 전사들과 대원들. /
하지만 보다 강해지기 위해서는 서로가 서로를
더 알아야 한다네.

노옥선 차장이 빠지긴 했지만, 회식은 즐거운 분위기 속에서 끝났
다. 노 차장의 아들도 몸살을 심하게 앓았을 뿐 큰 탈 없이 나았다고
했다.

  그로부터 몇 주 후, ㈜YG의 경영관리부문장에 정식 취임한 배
상무는 사무실을 조선아 회장의 집무실이 있는 본사 19층으로 옮기
게 되었다. 결과적으로 개발기획팀원들과는 접촉할 일이 줄어들었
다. 개발기획팀은 윤이화 팀장 체제로 빠르게 전환되었다. 노 차장
이 팀 내 차석을 맡게 되었고, 심훈 과장은 남직원들 중 최고참에 어
울리는 역할이 주어졌다. 단, 팀에 합류한 지 얼마 되지 않아 주무 역
할은 당분간 과장으로 갓 진급한 표지오가 맡기로 했다.

"똑똑, 들어가도 되겠습니까?"

퇴근 무렵 윤 팀장이 배 상무의 사무실을 찾았다.

"하하, 들어오세요. 말로 노크하는 버릇은 여전하시네요."

"손으로 두드리는 소리보다 제 목소리가 더 듣기 좋지 않은가요? 하하."

두 사람은 비서가 타다 준 차를 앞에 두고 회사 돌아가는 사정과 개발기획팀원들의 근황을 화제로 담소를 나누었다.

"표지오는 요즘 어때요? 여전히 여직원들에게 툴툴대나요?"

배 상무는 팀에서 표 과장이 가장 걱정되는 모양이었다.

"아뇨, 정반대예요. 팀에서 젠틀 가이gentle guy로 통하는걸요."

"에이, 설마 그럴 리가요. 제가 여기로 온 지 얼마나 지났다고, 그 친구가 그렇게 달라졌겠어요? 열혈 페미니스트 애인을 만나 세뇌를 당했다면 모를까."

"빙고!"

"네? 진짜예요?"

믿을 수 없다는 표정으로 묻는 배 상무를 향해 윤 팀장이 빙긋 웃으며 말했다.

"아이고, 상무님. 회사의 미래를 기획하시는 분이 이렇게 쉽게 속아 넘어가시면 저희는 누구를 믿고 일하란 말씀입니까?"

그제야 자신이 농담에 넘어갔다는 걸 깨달은 배 상무는 너털웃음을 터뜨렸다.

"페미니스트는 농담이고요, 애인이 생긴 건 사실입니다. 상무님도 아시는, 우리 팀 옆 사무실의 송성아 대리랑요."

"아! 그 작고 당차 보이던 친구요?"

"맞아요. 유희아 대리나 오지아 씨랑 종종 수다를 떨던 그 친구랑 사귄대요. 표 과장이 그렇게 힐난했던, 팀의 기밀이 새나가는 줄도 모르고, 인접 부서 팀원들이랑 어울려서, 쓸데없이 수다나 떠는 사람이 자기 자신이 되어버린 거죠."

"하하하!"

배 상무는 커다란 덩치로 회사 비상구나 옥상 뒤편, 근처 커피숍에서 남들 몰래 여자친구를 만나느라 눈치를 살피는 표 과장의 모습을 떠올리며 파안대소했다.

한참을 웃던 배 상무가 잠시 숨을 고르더니 윤 팀장에게 다른 이야기를 꺼냈다.

"팀장을 맡으신 지도 한 달이 넘어가는데, 불편하거나 어려운 점은 없나요? 물론 전에도 팀장을 해보셨으니 어련히 잘하시겠지만."

"그렇게 봐주셔서 감사합니다. 어려움이 없다고 하면 거짓말이겠지요. 끊임없이 문제가 생기지만 부딪쳐가며 나름대로 해결해나가고 있습니다. 다만 일에 대한 접근 방법에서는 조금 고민이 됩니다."

배 상무가 자세를 고쳐 앉으며 말했다.

"그러실 거예요. 저도 여자 선후배나 동기들과 같이 일해봤지만 막상 저희 팀에 여직원들이 합류하게 되니까 당혹스럽고 갈피를 못 잡겠더라고요. 특히 남직원들은 점강형漸降型인 데 비해 여직원들이 점증형漸增型인 경우가 많아 속으로 고민 많이 했어요."

"남자가 점강형, 여자가 점증형이라고요? 그게 무슨 뜻이죠?"

"단어의 뜻 그대로입니다. 남자들이 큰 덩어리를 잘게 부수는 데 능하다면, 여자들은 자잘한 부스러기들을 모아 크게 만드는 데 능하다는 뜻이지요. 둘 사이의 밸런스를 잘 맞추기만 하면 보다 큰 우리가 될 수 있을 텐데요."

윤 팀장은 배 상무가 하는 말의 뜻을 더 캐물으려고 하다가 그만두었다. 팀원들을 하나하나 떠올리다가 배 상무가 말하는 뜻을 깨달았기 때문이다.

배 상무와 윤 팀장이 대화를 나누고 있을 때, 대표적인 점강형 남자인 조우빈과 점증형 여자인 오지아가 막 사무실을 나서고 있었다.

"어디로 가니?"

"약속 있어. 넌 어디 가는데?"

"너라니, 내가 너보다 몇 살이나 위인데."

"그럼 오빠로 불러달라는 거야?"

"그건 아니고."

"근데 뭐?"

"에고, 말을 말자. 무슨 약속인데 짐이 한가득이야?"

"들어줄 거 아니면 묻지도 마."

그 말에 조우빈이 오지아의 쇼핑백을 냉큼 받아들었다.

"생큐!"

오지아가 고맙다며 조우빈의 어깨를 툭 치더니 성큼성큼 앞서 걷기 시작했다.

"어딜 가기에 이렇게 쇼핑백이 무거워?"

들고 있던 쇼핑백 속을 힐끗 훔쳐본 조우빈의 눈이 동그래졌다.

"이게 다 뭐야? 반짝이옷에 모조 보석 하이힐에… 너 혹시?"

오지아가 잽싸게 말을 받았다.

"그래, 나 밤무대 나간다. 오늘 밤엔 다섯 탕을 뛰어야 해. 바쁘니까 어슬렁거리지 말고 빨리 따라와."

잰걸음으로 지하철역을 향해 가는 오지아를 종종걸음으로 쫓아가며 조우빈이 물었다.

"야! 너 진짜 밤무대 나가는 거야? 회사에 알려지면 어쩌려고?"

"너만 입 다물고 있으면 돼. 아무도 몰라."

"야!"

조우빈이 걸음을 멈추자 앞서 걷던 오지아가 되돌아와서는 쇼핑백을 낚아채며 말했다.

"밤무대는 무슨 밤무대야! 너, 내가 무애舞愛 멤버인 거 몰랐어?"

"무애? 아, 댄스동아리?"

"그래, YG그룹 계열사 연합동아리야. 주로 살사를 추는데, 내가 간사를 맡고 있잖아. 도대체 동기한테 관심이 없어."

"그럼, 지난번에 1박 2일 워크숍 가자고 했을 때 못 간다고 한 이유가 무애 행사 때문이었어?"

"아니, 그때는 에스메랄다 공연 마지막 리허설이 있는 날이라서 그랬어."

"에스메랄다? 그건 또 뭔데?"

"같이 어학연수를 다녀온 친구들끼리 만든 밴드."

"밴드? 너는 뭘 연주하는데?"

"나? 드럼."

"우와!"

"왜? 여자가 드럼 치는 게 이상해서?"

"그게 아니고⋯."

"여자가 드럼 치는 게 별나긴 하지. 근데 넌 왜 자꾸 졸졸 따라오는 거야? 약속 없어?"

"없어. 어제 술을 많이 마셨더니 피곤해서 집에 가서 쉬려고. 게임 좀 하다가 캔맥주 하나 마시고 자야지. 그럼 나 간다!"

> 관련 내용 249쪽

찾아온 평화

Al final de la Guerra 전쟁이 끝나고

모닥불 주위로 아마조네스의 전사들이 하나 둘 모여드네. / "우리는 다음에 어떤 임무를 맡게 될까?" / "또다시 치열한 전투를 치르러 나가야겠지." / "전투가 끝나면 평화가 찾아올까?"

"어머! 고 과장, 유 대리, 여기 있었네?"

"어? 차장님도 식사하러 오셨어요?"

"응, 팀장님이랑 거래처에 미팅하러 가서 한참 실랑이를 벌이다 오는 길이야. 점심 먹고 들어가려고. 두 사람은?"

"저희도 회의 들어갔다가 나와보니 아무도 없어서 여기로 온 거예요. 과장님이 맛있는 거 먹으러 가자고 해서요."

주차하느라 한발 늦게 들어온 윤이화 팀장이 두 사람을 보고는 반갑게 인사를 건넸다.

"온 지 얼마 안 된 것 같은데, 우리가 합석해도 될까?"

"저희야 좋죠. 저희가 주문한 음식까지 합석해주시면 더 좋고

요."

고 과장의 말에 윤 팀장이 눈을 흘기며 웃고는 종업원을 불러 음식을 주문하고 같이 계산해달라고 말했다.

네 사람은 음식을 나눠 먹으며 도란도란 이야기꽃을 피웠다. 사무실에서는 쉽게 꺼낼 수 없는 사생활에 관한 이야기가 주로 이어졌다.

"차장님 시댁은 어때요? 명절 같은 때 일찍 와서 음식 만드는 거 도와라 어째라 성화가 심한 편인가요?"

"심하지는 않지만 시댁은 시댁이야. 우리 시어머니는 초등학교 교감선생님으로 정년퇴직하셨는데, 가만히 계시질 않아. 지역봉사단 단장을 맡아서 다니시는 데도 많고 사람들한테 인심은 또 얼마나 베푸시는지 한가할 날이 없어. 시댁에 가면 마을 사람들이 나를 보고 교감선생님 며느리라며 어찌나 치켜세우는지 유명 인사가 된 기분이라니까."

"근데 며느리한테는 그렇지 않다는 말씀인가요?"

"그걸 꼭 내 입으로 말해야 알겠어? 이것만 알아둬. 결국 친정은 친정이고 시댁은 시댁이야."

미혼인 고 과장에게 시집살이의 고초에 대해 늘어놓는 노 차장을 보고 윤 팀장이 핀잔을 주었다.

"노 차장은 저러면서도 시어머니한테 전화가 오면 '어머니, 어머니' 하면서 온갖 아양을 떨어요. 친정엄마 전화는 바쁜 업무시간에 왜 전화했느냐고 퉁명스럽게 대하면서."

"아니에요. 친정엄마는 정말이지 바쁠 때만 골라서 전화를 한다니까요. 그리고 시어머니 전화를 어떻게 퉁명스럽게 받아요? 마음에 없어도 안 그런 척해야지."

세 사람의 대화를 가만히 듣고 있던 유 대리가 조심스레 물었다.

"그런데 세 분은 직장생활을 언제까지 하실 거예요?"

깜짝 놀란 노 차장이 유 대리의 등을 찰싹 때리며 타박했다.

"얘! 언제까지는 언제까지야! 회사에서 나가라고 할 때까지 평~생 다녀야지! 큰애, 둘째 학원비에 대학 보내고 시집 장가 보내려면 계속 벌어야 해. 아빠 혼자 벌어서는 어~림도 없어. 얘들아, 나 회사 오래오래 다녀야 한다. 알았지?"

고 과장이 그 말을 이어받았다.

"저는 아직 남편이나 자식이 없어서 그런지 모르겠지만 언제까지 다닐지 깊이 생각해본 적이 없어요. 팀장님은요?"

"글쎄… 난 유 대리가 왜 그걸 묻는지가 더 궁금한데? 근무한 날보다 근무할 날이 훨씬 더 많을 테고, 한창 회사일이 재미있을 시기인 거 같은데…. 왜 벌써 그런 걸 묻는 거야? 앞에 있는 똥차들 어서 비켜라, 뭐 이런 건가? 하하하!"

웃음으로 답을 피했지만, 윤 팀장은 속으로 생각했다.

'나는 언제까지 회사를 다니게 될까? 내가 스스로 선택할 수 있을까?'

> 관련 내용 258쪽

변화를
앞두고

Nuevo mundo 새로운 세계

험난한 원정 끝에 마침내 3개의 보물을 모두 찾
았네. / 흡족한 여왕은 원정대와 아마조네스의
전사들에게 큰 상을 내렸네. / "자랑스럽도다,
이방인 원정대여. / 아름답도다, 아마조네스의
전사들이여. / 그대들은 내가 얻은 보물들보다
더 큰 보물을 받게 될 것이다."

조선아 회장이 이사회 승인을 거쳐 ㈜YG의 대표이사 겸 이사회 의
장으로 정식 취임하면서 YG그룹이 새롭게 출발했다. 이 소식은 대
외적으로 적지 않은 파장을 몰고 왔다. 60년 전통의 보수적인 YG그
룹에서 여성 최고경영자가 탄생했다는 사실에 놀랍다는 반응이 주
를 이루었고, 패션을 제외하면 자원개발과, 상선, 물류, 유통, 항만
사업 등 남성들 중심의 사업 분야가 주력인 회사를 과연 여성의 몸
으로 무리 없이 이끌어갈 수 있을지에 대한 우려의 시선도 만만치
않았다.

회사 내부의 반응은 비교적 조용한 편이었다. 어느 정도 예상했
던 일이기도 하거니와 이미 결정된 사안에 대해 왈가왈부할 필요를

느끼지 못하는 듯했다. 대기업처럼 큰 조직에 속한 사람들의 특성이기도 했다. 다만 친한 사람들끼리는 앞으로 일어나게 될 변화와 자신에게 미칠 영향을 놓고 기대와 걱정이 섞인 속내를 털어놓았다.

그룹 본사의 옥상에 마련된 흡연구역에서 부장급 팀장 서넛이 모여 담배를 피우며 잡담을 나누고 있었다. 역시 화제는 '조선아 회장 시대의 도래'와 더불어 향후의 인사와 조직 운영이 어떻게 될 것인가였다.

"일단 여성 임원이 많이 늘겠지. 본인이 여자라서 명예회장님 슬하의 남자 형제들보다 임원도 늦게 달고 승진도 한두 해씩 늦었으니 쌓인 게 많으실 거야."

"이명여대 출신들은 좋겠네. 같은 여자이고 회장님이 동문이니 혜택을 보겠지."

"그나저나 연성대 출신 녀석들은 큰일났네. 조세호 사장이 동문이라는 것만 믿고 그동안 얼마나 설쳐댔어."

"그러게. 주요 보직들은 죄다 지들끼리 나눠먹고."

"앞으로 피바람이 불겠구먼. 왕이 물러가고 여왕이 오셨으니."

"자네들도 당분간 몸조심 해. 여자의 증오와 질투심은 남자의 그것과는 차원이 다르니까."

그때 남자 팀장들 옆으로 다가오는 이가 있었다. 흡연구역 다른 쪽에서 담배를 피운 윤이화 팀장이었다.

"아니, 여자 회장님을 처음 모셔보는 분들이 어쩌면 그렇게 잘 아실까? 이제 큰일 났네요. 피바람이 불어닥칠 테니."

팀장들 중 한 사람이 당황한 표정으로 물었다.

"그래? 윤 팀장, 혹시 뭐 들은 말이라도 있어? 참, 그러고 보니 윤 팀장도 이명여대 출신이잖아! 회장님 최측근인 배 상무님 후임이기도 하고. 앞으로 어떻게 될 거 같아?"

담배와 라이터를 파우치에 넣으며 윤 팀장이 말했다.

"배 상무님도 남자니까 조만간 잘릴 거고, 같은 여자에다 이대 출신인 저 윤이화가 임원을 달지 않을까요?"

그제야 팀장들은 윤 팀장이 농담으로 한 말임을 알고 허탈한 표정을 지었다. 그들을 보며 윤 팀장이 답답하다는 듯 말했다.

"아니, 어떻게 남자 임원, 남자 사장, 남자 회장이 취임하면 남자라고 잘 봐줄 거다, 남자들이 득세하는 세상이 될 거라고는 생각하지 않으면서 여자가 회장 됐다고 여자 임원 천하가 될 거라는 생각은 왜 하는 거지? 그런 억지 상상은 대체 어디서 배운 거야?"

팀장들은 아무런 대꾸도 못하고 슬그머니 흡연실을 빠져나갔다.

혼자 남은 윤 팀장이 나직이 말했다.

"그래, 나 이대 나온 여자다."

> 관련 내용 267쪽

Festival de danza 춤의 축제

축제의 막이 올랐네. /
음악이 흐르고 사람들이 어울려 춤을 추네. /
남자와 여자가, 남자와 남자가, 여자와 여자가.

"야, 좀 더 높이 들어. 무대에서도 잘 보이게."

"너무 높이 들면 뒤에 앉은 사람들이 뭐라고 한다니까요."

"그래도 공연하는 사람이 볼 수 있게 해야지. 안 보이면 무슨 소용이 있어?"

"알았어요. 근데 '우웃빛깔 오지아'는 너무 심한 거 아닌가요? 하도 까매서 유학 시절 별명이 '블랙빈 black bean'이었다고 지아 씨가 그랬는데."

"그러니까 이렇게라도 소원 이루어주려고 그러는 거 아냐. 오지아, 파이팅! 우웃빛깔 오지아!"

'우웃빛깔 오지아'라고 쓴 색깔종이 플래카드를 들고 옥신각신

하는 표지오 과장과 오성두 대리 주변으로 개발기획팀 직원들이 모여 앉아 있었다. 고미정 과장과 유희아 대리는 꽃다발을 하나씩 들고 있었고, 배 상무 역시 오랜만에 옛 팀원들과 자리를 함께 했다.

첫 번째 무대는 다른 계열사 직원들이 준비한 룸바 공연이었다. 무대에 오른 그들의 복장을 보고 사람들이 탄성을 질렀다. 속바지 등으로 가렸는데도 불구하고 노출이 심한 편이었다. 들뜬 표정의 표 과장이 휘파람을 불며 말했다.

"오오~ 과감한데? 아주 좋아!"

오 대리도 가만있지 않았다.

"완전 수영복이네요, 수영복. 끝내주네요."

"어휴, 남자들이 촌스럽기는. 살색이 조금만 보여도 헤벌레해서는⋯."

유 대리가 핀잔을 주었다. 뜻밖의 행동이었다. 소심해서 누구를 타박하거나 자기주장을 내세우는 법이 없었던 유 대리였다. 고 과장이 놀란 눈으로 유 대리를 쳐다보았다.

핀잔을 들은 표 과장이 갑자기 거수경례를 하며 유 대리에게 예의를 갖추었다. 웬일이냐는 표정으로 오 대리와 고 과장이 쳐다보자 표 과장이 다시 한 번 유 대리에게 경례를 붙이며 말했다.

"혈혈단신 단기필마孑孑單身 單騎匹馬로 이사회장을 휘저어놓으신 우리 유 대장님께 어찌 감히 저 같은 일개 병사가 까불겠습니까?"

재미있다는 듯 밝게 웃으며 유 대리 또한 거수경례로 표 과장의 인사를 받았다.

사람들은 한껏 기대에 부풀었다. 그런데 공연은 바로 시작되지 않았다. 무대에 오른 출연자들이 자세를 잡고 있는 상태에서 스태프로 보이는 이들이 무전을 주고받으며 분주히 오가는 모습에 객석이 웅성거리기 시작했다.

"무슨 일이야?"

"뭐야? 무슨 문제가 생긴 거야?"

사람들이 술렁이는 사이 출연자 대기실에 있는 사람과 연락이 닿은 누군가가 곁에 있는 사람들에게 상황을 알려주었다.

"룸바팀의 여자 댄서 한 명이 무대에 오르다가 다리를 접질렸대요. 그래서 파트너를 잃은 남자 댄서를 빼고 공연을 시작하려다가 급히 다른 파트너를 구하느라 시간이 필요했대요. 열심히 준비했는데 무대에 오를 수 없게 된 남자 댄서를 안타깝게 여긴 댄스 강사가 옷을 갈아입고 파트너가 되어주기로 했다나 봐요. 어?"

"와!"

앞쪽 객석에서 감탄의 소리가 울려 나왔다. 포즈를 취하고 있는 남녀 댄서들 사이로 사뿐사뿐 걸어 나오는 이를 보고 놀란 사람들의 반응이었다.

"대타가 남자였어?"

"으악! 저걸 어떡해. 다리에 털 좀 봐."

"취객도 아니고 어떻게 제정신에 남자 둘이서 끌어안고 춤을 출 수가 있지? 어떻게 보라고."

"그래도 옷이 몸에 맞는 게 용하다."

사람들의 수군거림도 잠시, 음악이 흐르고 공연이 시작되자 여기저기서 감탄사가 튀어나왔다. 대타로 나온 댄서가 자신의 배역에 몰입해서 남자 댄서와 완벽한 호흡을 보여주었기 때문이다. 룸바의 특성상 경쾌한 동작들 중간중간에 과감한 신체 접촉과 관능적인 자세를 소화해야 하는데 두 사람은 전혀 거리낌없이 환상의 퍼포먼스를 펼쳐 보였다. 공연이 끝나자 사람들은 두 댄서에게 아낌없는 박수와 환호를 보냈다. 다리 털과 취객을 운운하며 흥을 보았던 표 과장과 오 대리 또한 누구보다 열렬한 갈채를 보냈다.

몇몇 팀의 공연이 이어지고 춤의 축제도 어느덧 막바지를 향해 가고 있었다. 그리고 마침내 개발기획팀 전체가 애타게 기다리던 조우빈과 오지아가 손을 잡고 무대에 등장했다.

"오~, 지아 씨가 무애의 핵심 멤버였다는 건 익히 알고 있었지만, 조우빈 저 자식은 언제부터 춤바람이 난 거야?"

"일전에 둘이 같이 퇴근한 적이 있었나 봐요. 지아 씨가 무애 모임에 가던 날이었는데, 우빈이가 집에 가면 게임을 하거나 스포츠 중계를 본다고 하니까 그러지 말고 춤을 배워보면 어떻겠느냐고 꼬드겼대요. 그렇게 해서 시작하게 되었다네요. 우빈이 말로는 자기가 무애의 에이스래요."

"진짜? 저 몸치가? 설마…."

이윽고 살사의 제왕 오스카 디레옹의 '요라라Lloraás'가 흘러나오기 시작하자 오지아와 조우빈이 능숙한 몸놀림으로 스텝을 밟았다. 아주 자연스럽고 유연한 느낌을 주는 것이 조우빈이 연습을 시작한 지 얼마 되지 않았다는 사실이 믿기지 않을 정도였다. 매일같이 오지아에게 개인 레슨을 받았다고 하지만 이 정도일 줄은 아무도 몰랐다. 둘이 펼치는 기대 이상의 실력에 사람들은 넋을 잃고 바라보았고, 환상의 공연이 끝나자 뜨거운 갈채가 쏟아졌다.

윤 팀장을 비롯한 팀원들 모두가 공연장 출구에 서 있었다. 복장을 갈아입고 나올 오늘의 주인공들을 맞이하기 위해서였다. 드디어 커다란 옷가방을 들고 걸어 나오는 두 사람의 모습이 보이자 표 과장과 오 대리가 플래카드를 펼쳐 들고 "우웃빛깔 오지아, 원조춤짱 조우빈"을 크게 외쳐댔고, 고 과장과 유 대리가 다가가 꽃다발을 선물했다. 나머지 팀원들도 환호성을 지르며 힘껏 환영해주었다.

배선태 상무는 조금 떨어진 곳에서 흐뭇한 얼굴로 그들을 바라보고 있었다. 순간 외투 주머니에서 뭔가 묵직한 느낌이 전해졌다. 손을 넣어보니 녹색 목각조각이었다.

'사무실 책장에 놓아둔 게 왜 여기에… 내가 나올 때 주머니에 넣었던가? 그럴 리가 없는데….'

남미 출장길에서 사온 뒤로 사무실에서 한 번도 들고 나온 적이 없던 물건이었다. 더구나 오늘처럼 행사가 있는 날에 챙겨 올 리는 더욱 없었다. 이상하다 생각하며 배 상무는 주머니에서 목각조각을 꺼내 살펴보았다.

"자, 카르타 도 아마조네스Carta do Amazones에 또 무슨 편지가 쓰여 있는지 볼까? 어?"

글자가 보이지 않았다. 사무실 책장의 한 곳을 지키면서 배 상무가 상념에 잠길 때마다 들여다보면 신기하게도 그때의 상황에 맞는 글귀를 보여주던 목각조각이었다. 그런데 지금은 아무리 자세히 봐도 글자가 없었다. 갑자기 사라진 걸까, 아니면 내내 헛것을 봤던 걸까?

"노 로 세No lo sé, 알 수 없는 일이지."

목각조각을 손에 든 배 상무는 잠시 생각에 잠겼다.

'남성이 여성을, 여성이 남성을, 우리가 우리를 바라보는 것 역시 이 목각과 같지 않을까? 원래 새겨진 것도 없고, 정해진 것도 없고, 아무런 실상이 없는데도 불구하고 그렇게 바라보니까 무언가 새겨져 있는 것 같고 정해져 있는 것처럼 보고 느낀 게 아닐까? 만들어진 이미지에 갇혀 허상을 마치 실체인 양 믿어버린 것은 아닐까? 그래서 지금까지 서로를 제대로 이해하지 못하고 굴절된 거울에 비친 모습처럼 왜곡되게 바라본 건 아닐까?'

목각조각의 표면을 다시 들여다본 배 상무는 씩 웃으며 목각조각을 도로 주머니에 넣고 아직도 흥분에 들떠 있는 개발기획팀의 남녀 팀원들에게 다가가며 외쳤다.

"나의 원정대 대원들이여! 아마조네스의 전사들이여! 우리의 파티를 하러 갑시다. 우리의 파티를!"

> 관련 내용 276쪽

II.

우리는 어떻게 원팀이 될 수 있을까?

How Can
Women and Men
Be on One Team?

PRELUDE

집단 전체의 성과뿐 아니라
개개인의 성과 역시
동성과 함께 할 때보다
이성과 함께 할 때
훨씬 더 높은 수준을 보여준다.

왜
'여검사'라
하는가

interview

♀

남직원, 여직원으로 구분한 게 아마 채 10년도 안 될 겁니다. 예전에는 그냥 직원, 여직원이었죠. 직원이라고 하면 당연히 남자였고, 여자 직원들이야 각 팀의 서무 보조를 제외하면… 좀 별종인 존재였죠.

김영화(가명, 49세, 여), S엔지니어링 시설관리팀 부장

♂

요즘에는 세상도 변했고 수시채용으로 바뀐 탓에 그런 일이 많이 사라졌지만, 과거 공채 시절만 해도 연수 마치고 부서 배치할 무렵이 되면 여기저기서 청탁이 들어왔습니다. 제발 우리 부서에 여직원 좀 보내지 말아 달라고 말이죠. 몇 년 못 가서 결혼하면 또 새로 뽑아야 한다고.

송재환(가명, 64세, 남), 전 K공단 인사부 부장

2011년 말, 대한민국은 한 사건으로 들끓었다. 30대 후반의 여성과 50대 초반의 남성이 저지른 불륜 때문이었다.

그때만 해도 간통죄라는 것이 있어서 법적 처벌을 받을 수 있었지만, 온 국민이 관심을 갖고 난리를 칠 만한 사안은 아니었다. 그냥 때가 되면 있을 법한 유부남 유부녀의 치정 사건으로 끝날 수 있었던 이 사건이 세간의 화제가 된 이유는 두 사람이 단순히 사랑하는 사이가 아니라 업무상 청탁이 오갈 수 있는 관계라는 점과, 남자가 여자에게 선물한 것이 그 이름도 찬란한 벤츠라는 점이었다.

그래서인지 이 사건은 이례적으로 한 달 가까이 각종 뉴스의 헤드라인을 장식했고, 결국 법조비리 사건으로 확대되면서 한국 사회의 주요 이슈로 부각되었다.

'벤츠 여女검사'의 불편한 진실

그런데 일부 여성단체를 중심으로 새로운 문제가 제기되었다. 바로 사건 당사자인 여성에 대한 언론들의 보도 태도에 대해서였다. 불륜 상대인 남성에 대해서는 '부장판사 출신의 변호사', '로펌을 운영하는 모 변호사', '스폰서 변호사' 등의 표현을 쓰면서 여성에 대해서는 유독 한 가지 표현만 쓴다는 것이었다.

'벤츠 여女검사'

벤츠는 고급스러운 브랜드 이미지 때문에 업무상 청탁이나 금품 수수를 부각시키려고 썼다 치더라도 '여女'라는 수식어를 꼭 넣을 필요는 없다는 것이 여성단체들의 공통된 시각이었다.

실제로 그랬다. 불륜 사건이기에 성별의 구분이 필요했다면 '부장판사 출신의 '남男변호사'라고 쓰는 것이 공평할 텐데 어느 매체도 그렇게 하지 않았다.

그런데 이 같은 모습은 주위에서 심심찮게 발견된다. 여사장, 여의사, 여비행사, 여성 임원 등 직업 앞에 성을 구분하는, 보다 정확히 말하면 해당 직업에서 여성이 의외의 존재임을 강조하는 표현을 쓴다. 반대의 경우도 있다. 간호사는 여간호사로 표기하지 않고, 안내와 진행을 맡는 이들 역시 여안내원이라고 칭하지 않는다.

일선 학교에서 직업교육이나 진로상담을 담당하는 교사들은 이에 대해 이렇게 말한다.

"사람들이 직업에 대해 일종의 고정관념을 갖고 있어 '전문적인 기술이 필요한', '사회적으로 권한과 권위가 있는', '고소득을 보장하는' 직업에 대해서는 당연히 남자의 직업이라는 인식이 있고, '주도적이기보다는 보조적인 역할을 하는', '비교적 단순 기술이 필요한', '저비용을 지불해도 쉽게 고용할 수 있는' 직업은 대부분 여자에게 걸맞은 직업이라는 인식이 있다."

고위직은 남자들의 전유물?

우리는 보통 남성들의 직업이라고 하면 군인, 경찰, 관료, 고위 임원, 사업가, 정치인 등을 떠올리는 반면, 여성들의 직업으로는 보육교사, 간호사, 상담원 등을 연상한다. 그런데 일에 대해서는 성별을 구분하지 않는다. 즉, '누군가의 편을 들고 보호하다', '누군가에게 지식과 정보를 전달한다', '누군가를 위해 요리를 한다' 등과 같은 말을 들었을 때 이를 남성 또는 여성과 연관 짓는 사람은 많지 않다. 하지만 이러한 일들을 직업과 연계했을 때는 달라진다. '누군가의 편을 들고 보호하는-변호사', '누군가에게 지식과 정보를 전달하는-교수', '누군가를 위해 음식을 만드는-요리사'라고 하면 남성을 떠올리지만, '의사를 도와 환자를 돌보는-간호사', '고위 임원의 일거수일투족을 돕는-비서', '고객들의 불만을 접수하거나 안내사항을 전달하는-상담원'이라고 하면 여성으로 간주한다. 즉, 주도성, 책임감, 의사결정 능력이 필요한 직업은 남성의 영역이고, 의존성, 헌신, 보조적 기술이 필요한 직업은 여성의 몫이라는 인식이 깔려 있다. 물론 특정 직업의 경우 여성이나 남성이 특성상 더 적합할 수도 있고 보다 나은 능력을 발휘할 수도 있을 것이다. 그러나 그런 것과 직업에 대한 편견이 확고하게 자리 잡아서 애초부터 다른 성별의 진입 자체를 가로막는 것은 전혀 다른 차원의 문제다.

더 큰 문제는 '남성의 일', '남자의 직업'이라고 인정(?)하는 일들의 대부분이 권력과 금력金力을 쥐기에 유리한 반면, '여성의 일', '여자의 직업'이라고 정해놓은(?) 일들은 우리 사회에 꼭 필요함에도 불구하고 부와 명예와는 거리가 먼 경우가 대부분이라는 점이다.

우리나라는 남성과 여성이 경제활동을 하는 산업과 직종이 서로 다른 '성별직종 분리 현상'이 뚜렷한 국가다. 다시 말해서 여성직종과 남성직종의 경계 구분이 심한 편이다(전체 취업자 중 여성이 차지하는 비율보다 높은 비율을 보이는 직종을 여성직종, 전체 취업자 중 남성의 비율보다 높은 비율을 보이는 직종을 남성직종이라고 한다). 이에 비추어보더라도 우리 여성들은

> 성별 주요 직종(인구별)

인구 순	남성직종	여성직종
1위	경영 관련 사무원	경영 관련 사무원
2위	자동차 운전원	매장 판매 종사자
3위	건설 및 광업 단순 종사원	회계 및 경리 사무원
4위	영업 종사자	청소원 및 환경 미화원
5위	매장 판매 종사자	주방장 및 조리사
6위	행정 사무원	사회복지 관련 종사자
7위	전기·전자 및 기계공학 기술자 및 시험원	의료복지 관련 서비스 종사자
8위	건설 관련 기능 종사자	음식 서비스 종사자
9위	경비원 및 검표원	음식 관련 단순 종사원
10위	정보시스템 개발 전문가	문리·기술 및 예능 강사

* 출처 : 통계청, 지역별 고용조사 원자료, 2017

근로환경이 열악하고 임금이 낮으며, 좋은 평가를 받거나 승진하기 어려운 직종이나 업무에 집중되어 있다.

그동안 이와 같은 직종에서 변화가 없었던 것은 아니지만 사회적 인식과 현실의 장벽은 여전히 높은 상태다. 범죄자들을 잡아들여 처벌하는 권력을 쥔 '검사'라는 직업에 '여자'라는 성별은 특수하고 이례적인 경우로 받아들여진다. 지금도 우리 사회에서 '여검사'나 '여의사'라는 표현은 자연스럽게 사용되고 있지만, '여간호사'라는 표현은 어딘가 모르게 어색하게 받아들여진다.

이미 수많은 나라에서 '그he'와 '그녀she'를 구분해서 사용하는 것조차 성차별적이라며 문제시되는 이때에 우리는 언제까지 직장에서, 직업에서 '남'과 '여'를 갈라놓을 것인가.

여자랑
일하기
힘들어요

interview

♀

사실 여직원들은 '남자들이 많은 조직이다', '내가 홍일점이다' 해도 그다지 어려운 게 없어요. 그냥 언행이 조금 조심스럽다거나 쉬는 시간에 편하게 얘기할 동성 동료가 없다는 정도? 하던 대로 하고 크게 불편하지 않죠. 문제는 남직원들이 '저 직원은 여자니까 우리랑 다를 거야', '분명 우리와는 다른 어려움이 있을 거야'라며 지레짐작하고 배려를 해준답시고 오버를 하는 경우죠. 그건 배려심이 아니라 배타심일 뿐이에요.

유샛별(가명, 31세 여), H자동차 국내 마케팅 OO팀 대리

♂

저희 팀은 7명의 남직원으로만 구성되어 있어 '7공주'를 빗대어 '7왕자'라고 부르는 등 팀워크가 굉장히 좋았어요. 그러다가 여자 지점원을 받아야 한다고 했을 때 동료 지점장들도 우려하고 지점원들도 싫어하는 기색이 역력했어요. 근데 함께 일해보니 장점이 더 많은 것 같습니다. 내년 상반기에도 가급적이면 여직원을 보내달라고 요청하려고 합니다.

조우범(가명, 45세 남), D제약 OO지점 지점장

오래전의 일이다. 친하게 지내던 대학 선배의 강권으로 '레크리에이션 지도사 자격증' 취득을 위한 수업을 들은 적이 있다. 당시만 해도 레크리에이션 관련 자격증은 대부분 사단법인의 교육기관에서 진행하는 수업을 일정 과목 이상 이수하면 응시 자격을 주고, 시험을 보면 80% 이상 합격해서 자격증을 취득할 수 있었다. 즉, 수업을 빼먹지 않고 듣는 것이 자격증 취득에서 가장 중요한 요건이었다.

"레크리에이션 대형으로 앉아주세요"

수업은 D일보사 사옥 강당에서 매주 화요일과 목요일 저녁시간에 진행되었다. 30여 명의 수강생들 가운데 대부분은 초·중·고 교사들이었고, 대학생은 나와 선배 둘뿐이었다. 그런데 강사가 무조건적으로 강요하는 사항이 있었다. 이른바 '레크리에이션 대형recreation circle'으로 앉아달라는 것이었다. 간단히 말해 남자 옆에 여자, 그 옆에 남자, 이런 식으로 남녀가 번갈아 앉는 대형이었다.

　　나는 나보다 열 살 이상 많은 여선생님들 사이에 앉아 수업을 듣는 것이 굉장히 불편했다. '아, 도대체 왜 이래야 하는데?', '오히려 이렇게 앉는 게 훨씬 더 어색하지 않나?' 하며 불평도 했다. 그런데 자격증을 취득하고 내가 직접 강사가 되어 무대나 강단 위에 서고 나서 그 강사가 왜 그토록 레크리에이션 대형을 강조했는지 비로소 깨닫게 되었다. 실제로 진행을 해보니 남자 또는 여자끼리만 모여 있는 것보다 남녀가 섞여 앉는 것이 훨씬 분위기가 좋았다. 번갈아 앉으라고 하면 예전의 나처럼 서먹해하는 이들도 있긴 했지만, 처음에만 그럴 뿐 시간이 조금 지나면 이내 화기애애한 분위기에 녹아들었다. 이와 같은 현상은 어디에서나 동일하게 나타났다. 연령이나 계층을 불문하고 즐겁고 유쾌한 시간을 만들어냈고 직장생활처럼 공식적인 영역에서도 레크리에이션 대형의 효과를 발견할 수 있었다.

단일팀, 혼성팀, 더 강한 팀은?

미국 텍사스대 심리학과 교수를 역임하고 현재는 서던캘리포니아대의 산업심리학과 교수로 재직 중인 웬디 우드Wendy Wood는 한 가지 흥미로운 실험을 실시했다. 남성 또는 여성만으로 구성된 학습조직과 남녀가 적절한 비율로 섞여 있는 학습조직에 동일한 과제를 부여한 뒤 그 성취도를 평가하는 실험이었다. 성별 구성만 달랐을 뿐 나머지 조건은 똑같았다. 결과는 어떻게 되었을까?

결과를 말하기 전에 먼저 밝혀야 할 사실이 있다. 다양한 직군의 직장인들에게 이 실험에 대해 이야기해주고 그 결과가 어떻게 나왔을까를 질문해보았다. 몇몇 특이한 답변이 있었지만, 대부분 이렇게 말했다.

"남자들만으로 짜인 조직이 효율적(?) 토론을 통해 과제의 해답을 가장 먼저 찾았을 것 같다."

"여자들만으로 만들어진 조직은 다양한 의견들을 주고받으며 가장 창의적인 답을 찾아냈을 것 같다."

"남녀가 섞인 조직은 의견이 엇갈리거나 서로의 인식 차를 좁히지 못해 과제의 답을 찾는 데 가장 고생했을 것 같다."

자, 그렇다면 우드 교수의 실험 결과는 어떻게 나왔을까?

사람들의 예상과 달리 남녀가 고루 섞여 있는 조직이 단일한 성으로 이루어진 조직보다 훨씬 더 다양한 각도에서 창의적인 방식으로 문제를 해결하려고 했고, 그러한 시도가 월등히 나은 성과를 가져다주었다. 비단 집단 전체의 성과뿐만 아니라 개개인의 성과 역시 동성과 함께 할 때보다 이성과 함께 할 때 훨씬 더 뛰어났다. 즉, 레크리에이션 대형의 효과는 단순한 분위기 형성이 아닌, 가시적인 성과로 나타나던 사실이었던 것이다.

이와 관련해 뉴욕대 스턴비즈니스스쿨에서 조직학을 강의하는 프랜시스 밀리컨Frances Milliken 교수는 다음과 같은 견해를 밝혔다.

"남성 또는 여성이 대다수를 차지하고 있는 조직에서 여성 또는 남성은 성적으로 소수집단이 되는데, 이러한 소수의 성별 집단 구성원들은 직무 불만족, 정체성의 혼돈, 차별당하고 있다는 생각을 갖게 될 수 있다."

"해결책은 소수 집단을 의도적으로 성장시켜 어느 정도 균형을 맞추는 것이다. 소수 집단을 건강하게 성장시켰을 때 두 집단은 다양하고 창의적인 아이디어로 서로 발전적인 경쟁을 하며 단일 성별 또는 다수의 성별로만 이루어진 집단에 비해 높은 수준의 성과를 창출한다."

지금 우리는 어떤 직업군을 선택하든 남성과 여성이 함께 일하지 않으면 안 되는 시대를 살고 있다. 오랫동안 금녀의 영역으로 여겨진 군대와 경찰에 여성들이 진출하여 활약을 펼친 지도 오래되었고, 금녀의 영역은 아니었지만 남성의 숫자가 압도적으로 많았던 법조계와 의료계는 물론 토목, 기계공학 영역에서도 많은 여성들이 진출하여 뚜렷한 성과를 올리고 있다.

파워맨들의 고민

여성들의 사회 진출이 활발해지고 남녀가 함께 일하는 것이 당연시되면서 전에는 생각하지 못한 문제들이 대두되고 있다. 이미 사회적 이슈가 된 성희롱이나 승진의 기회에서 보이지 않는 차별을 가하는 유리천장glass ceiling 등의 문제가 대표적이다.

그러나 이보다 더 자주 그리고 피부로 느끼는 문제는 '함께 일하는 것'에서 비롯된다. 남녀가 함께 일하니 분위기가 좋아졌다, 더 즐겁다는 견해도 있지만, '참 어렵다'고 토로하는 이들이 적지 않다. 여전히 이성과 일하기를 힘들어하거나 아예 꺼리는 이들이 상당수 존재한다. 게다가 그들은 조직에서 상당한 파워를 가진 경우가 많다.

우리는 이제까지 주로 성희롱과 양성평등 등에서 문제를 해결하기 위한 노력들을 전개해왔다. 그 결과, 일정 규모 이상의 사업장은 성희롱 예방교육을 의무적으로 실시하도록 법제화되었고, 채용이나 승진 등에서 여성에게 동등한 기회를 부여하려는 시도들이 제도화되면서 개선된 부분이 적지 않다. 그러나 그 정도로는 부족하다. 이제는 어떻게 하면 여성과 남성이 더 생산적으로 협업하고 원팀one team을 이루어 함께 성장해나갈지를 고민할 때다.

그 해답을 얻기 위한 여정을 본격적으로 떠나보자.

WORK

회의는 계주 커뮤니케이션처럼
진행하는 것이 효과적이지만
현실적으로 쉽지 않다.
남성과 여성이 같지 않기 때문이다.
어떻게 하면 좋을까?

남직원은
사람을,
여직원은
내용을 본다

interview

♀

작은 벤처기업에 다니다가 지금의 회사로 옮기고 나서 가장 놀랐던 것은 저를 제외하고 여직원이 한 명도 없다는 거. (중략) 그리고 그다음으로 놀란 것은 회의 때 앉는 자리만 정해져 있는 게 아니라 발언하는 순서도 정해져 있다는 것이었어요.

조민아(가명, 31세 여), S실업 해외영업지원팀 과장

♂

회의를 진행하다 보면 남직원들은 발언 내용보다 사람에 집중해서 그를 기준으로 판단하려는 경향을 보이고, 여직원들은 사람보다 내용을 중시하는 경우가 많아요. 그러다 보니 남직원들 중심의 회의는 무난하게 끝나는 대신 결과물이 없는 경우가 많고, 여직원들 중심의 회의는 답은 나오지만 감정이 상한 채 끝나게 되는 경우가 많은 것 같아요.

송영국(가명, 45세 남), D건설 해외플랜트 사업팀 부장

우리나라에서 도급 순위 10위 안에 드는 대형 건설사의 주택건축사업소 소장으로 근무하는 김정철가명, 50세 남성 이사는 해외에 파견되어 나갔던 3년을 제외하고는 24년여의 직장생활 대부분을 본사 내근 없이 건설 현장에서 보낸 특이한 이력의 소유자다. 그러다 보니 여성 동료라고는 거의 없었고, 직원 역시 현장 공무팀에서 사무를 보조하는 여직원을 제외하고는 남자 직원이 압도적으로 많았다. 회의도 말 그대로 '야전野戰회의'였다. 건설 현장은 온갖 위험물이 가득하고 사람 키의 몇 배나 되는 중장비가 휙휙 지나다녀 자칫 방심하다가는 목숨을 잃을 수 있는 전쟁터와 흡사한 환경이라 한순간도 긴장의 고삐를 늦출 수 없었고, 회의 분위기 역시 살벌하기 이를 데 없었다. 결재판이 날아다니기 일쑤였고, 짐승 이름을 딴 육두문자가 난무했다.

우리가 회의를 한 적이 있었나요?

그래도 별 문제는 없었다. 회의를 마치고 컨테이너 가건물인 현장 사무실 뒤편에 모여 담배를 나눠 피거나 일과를 마치고 근처의 부대찌개집에서 모둠스테이크에 소주잔을 기울이다 보면 언제 그런 일이 있었는가 싶게 모든 것이 이전으로 회복되어 있었다(물론 그때는 몰랐다. 회의 중 결정한 사항들도 그런 과정을 통해 상당 부분 이전으로 되돌아가버렸다는 것을).

문제는 그가 이사로 승진하여 다른 현장의 소장으로 나가기 전에 잠시 본사 TFT의 리더를 맡으면서 발생했다. 채 한 달이 안 되어 그는 CHO Chief Human-resource Officer 에게 불려가게 되었다.

"TFT의 몇몇 직원이 인사팀 고충처리 담당 직원에게 김 이사가 회의석상에서 보이는 태도와 언행을 두고 투서 형식의 이메일을 보냈다. 사안이 심각한 정도는 아니기에 이번에는 구두 경고로 끝나지만, 만일 같은 내용의 투서가 이어지면 현장소장 발령 취소 및 승진 대기를 포함한 모종의 조치가 취해질 수 있다."

CHO의 경고를 받은 그는 굳이 누가, 무슨 내용으로 투서를 했는지 묻지 않아도 짐작되는 바가 있었다. 회의 때마다 뾰로통한 표정으로 앉아 별다른 말도 없이 고개를 푹 숙이고 있던 두 여자 과장. 도대체 회의의 기본도 모르는 직원들이었다.

면담 말미에 CHO는 그에게 승진 대상자들을 위한 리더십코칭 프로그램에 참여해보라면서 회의를 줄이거나 진행 방식을 바꿔보는 것이 어떻겠느냐고 제안했다. 말이 제안이지 받아들일 수밖에 없는 지시였다.

면담을 마치고 나오는 길에 그 두 여자와 마주쳤다. 참아야 했지만 김 이사는 감정이 북받쳐 따지듯 물었다.

"자네들은 내가 진행하는 회의가 그렇게 못마땅했나?"

그의 질문에 두 사람은 잠깐 당황한 듯하다가 무슨 일인지 알겠다는 표정으로 되물었다.

"이사님, 언제 저희가 회의를 한 적이 있었나요? 이사님 공지사항 전달 말고요."

직장생활에서 가장 힘든 부분은?

회의는 직장인들이 가장 자주, 중요하게 접하는 대표적 소통 방식이다. 대부분 일一 대 다多 또는 다 대 다의 형식으로 진행되어 빠른 정보 공유와 책임소재 확인 등이 수월하다. 그에 반해 개개인의 생각이나 감정 등을 파악하기 힘들고 그에 맞는 대응도 어렵다. 이 같은 회의의 장단점에 대해 남성과 여성이 견해 차를 보이고 마찰을 빚는 경우가 많다.

인터뷰를 위해 만난 송미영가명, 34세 여성 씨는 S물산 건설부문에서 7년 근무하고 현재는 해외유학을 준비 중이다. 그는 "직장생활을 하면서 언제 가장 힘들었느냐?"는 질문에 조금의 망설임도 없이 '회.의.시.간.'이라고 답했다. 혼자 해결할 수 없는 문제를 털어놓고 그에 대한 정보와 지식 또는 경험에서 우러나오는 조언을 얻고, 필요할 경우 일을 나누거나 인력을 지원받을 수 있으리라는 그의 기대는 입사 후 6개월 만에 사라져버렸다.

"대학 시절 팀 과제 하던 때랑 다를 바가 없었어요. 높은 학점은 바라지만 내가 귀찮아질 일은 떠안지 않겠다는 생각들…. 회의 참석자 모두가 문제에 대해서는 말하는데, 그걸 어떻게 잘 해결할지에 대해서는 아무도 제대로 된 의견을 내지 않는 거예요. 그저 팀장님의 지침만 기다릴 뿐."

그나마 대학의 팀 과제는 대부분 동기인 데다 복학생이나 고학번이 있어도 그 영향력이 크지 않았지만, 회사 회의에서는 '교수님', 심지어 '학부형'까지 있었다. 문제 해결에는 아무런 기여도 하지 않으면서 경험자랍시고 감 놔라 배 놔라 한다던가, 잘 알지도 못하면서 슬쩍 말참견 정도만 한 다음 과실은 똑같이 나누려는 이들로 가득했다.

회의에 대해서는 다른 여성 직장인들도 거의 비슷한 견해를 내놓았다.

"일하는 사람 불러다가 앉혀놓고 한 10분은 브레인스토밍을 한다는 명목으로 얼마 전 끝난 LPGA 결과나 프로야구 순위를 얘기하며 시간을 보내요. 잘 모르는 스포츠라서 별다른 대꾸를 안 하고 있으면, '회의 분위기가 왜 이래?'라면서 반문하기도 하는데, 그러면 회의를 시작하기도 전에 머릿속이 펑 하고 터져버리죠."

"사람들마다 업무가 가장 잘되는 시간이 따로 있잖아요. 어떤 사람은 오전에 가장 머리가 잘 돌아가지만, 어떤 사람은 오후 3시 이후에 업무 컨디션이 좋을 수도 있고요. 그런데 무조건 팀장의 스케줄에 맞춰서 다 모이는 거예요. 그래 놓고 '요즘 업무 몰입도가 낮아졌다', '좀 더 열정적으로 일해라'라고 얘기하니 그게 씨알이 먹히겠어요?"

"공지할 거면 이메일로 쫙 뿌리면 되지, 왜 바쁜 시간에 사람들 앉혀놓고 하나하나 지시를 내리는지 모르겠어요. 토론을 하는 것도 아니면서."

남자들이 좋아하는 회의, 여자들이 좋아하는 회의

여성 직장인들이 회의시간을 싫어하거나 어려워하는 이유는 하나가 아닐 것이다. 그중에서도 남성과 여성이 선호하는(혹은 효과적이라고 생각하는) 커뮤니케이션 방식이 서로 다르다는 점을 우선적으로 꼽을 수 있다.

여성들, 특히 젊은 여성들이 선호하는 커뮤니케이션 방식은 핑퐁게임을 하듯 말과 말, 의미와 의미를 서로 주고받으며 뜻을 모으거나 새로운 의미와 가치를 만들어나가는 것이다. 반면 남성들, 그중에서도 일정 직급 이상의 남성들이 선호하는 커뮤니케이션 유형은 대체로 일방향이다. 이렇게 말하면 '성급한 일반화'라며 반발하는 분들이 있는데, 내가 아는 임원들도 열에 아홉은 펄쩍 뛰며 억.울.해. 했다.

"내가 얼마나 자유로운 분위기의 회의를 좋아하는데요? 우리는 회의시간에 할 말 못 할 말 다 합니다."

"나는 회의시간에 거의 말을 안 합니다. 의견을 다 듣고 나서 직원들이 챙기지 못하거나 더 깊게 살펴봐야 할 것들만 콕 집어서 조언을 해주지요."

그러나 직원들은 동의하지 않는다. 억울하더라도 냉정하게 현실을 돌아보아야 한다.

흔히들 남성적 커뮤니케이션을 일컬어 '건배사 커뮤니케이션', 여성적 커뮤니케이션을 '계주 커뮤니케이션'이라고 하는데, 분명한 차이가 있다.

남성들이 중심인 심야 술자리에서 흔히 볼 수 있는 광경을 떠올려보자. 먼저 나서기를 좋아하고 목소리가 큰 사람이 대화를 주도한다. 그가 한참 이야기를 늘어놓다가 다음 사람이 바통을 이어받으면 처음에는 앞서 말한 사람과 비슷한 주제의 말을 하는 것 같다가 전혀 다른 맥락으로 넘어간다. 그렇게 말들이 오가며 늘어지는가 싶으면 사람들의 시선이 그날 술자리를 만든 사람이나 최고 연장자 또는 그날의 물주(대부분의 경우)에게로 향하게 된다. 그러면 그가 이제까지의 이야기와 또 다른 차원의 일장연설을 하고 나서 건배를 제의한다. 그의 건배사가 끝남과 동시에 다같이 박수를 치고 자리를 뜨게 된다. 여기서 리더의 역할은 모임의 끝자락에서 대화의 종료를 알리는 '마감'이다. 이른바 건배사 커뮤니케이션의 대략적인 스케치다.

이와 달리 여성들이 주고객층인 대낮의 퓨전한정식집이나 커피가 싸고 케이크가 맛있는 카페에서 흔히 볼 수 있는 광경이 있다. 한 사람이 이야기를 시작하면 다른 이들이 "맞아, 맞아"를 연발하며 깔깔대고 웃는다. 이야기에 집중해서 듣는 것 같지만 중간중간 말을 끊고 자신의 이야기를 끼워 넣기도 한다. 그런데 상대의 이야기와 상관없지 않고 그것을 보완하여 상승작용을 일으킨다. 다른 의견을 내놓는 경우에도 얼마 뒤면 두 견해가 모아져 다른 이야깃거리를 만들어낸다. 시간 가는 줄 모른다. 한 가지 주제를 놓고 계속해서 저마다의 경험과 의견이 더해지기 때문이다. 그러다가 "어머, 시간이 이렇게 됐네? 다음은 언제 모일까?"라는 멘트와 함께 자리가 마무리된다. 계주 커뮤니케이션이다. 리더의 역할은? 딱히 없다. 계주가 있어도 대화 중간에 끼어들어 잠깐 이야기를 할 뿐이다. 그 외에는 회비를 걷고 다음 모임을 정하는 정도다.

개인별 차이가 있지만, 남성들은 대체로 '물 흘러가듯' 진행되는 커뮤니케이션을 중요시한다. 별다른 이견 없이 빠른 시간 내에 의사가 결정되면 '좋은 회의'였다고 여기는 경향이 있다. 여성들은 다르다. '물이 출렁거리듯' 이루어지는 커뮤니케이션을 선호한다. 대화가 끊이지 않고 이어지는 그런 분위기와 방식을 중시한다. 결론이 났어도 서둘러 끝내는 회의는 달가워하지 않는다.

회의에서 요구받는 리더의 역할도 서로 다르다. 남성들 사이에서 리더는 회의의 대미를 장식해주는 역할, 즉 논의를 마무리하고 논쟁의 마침표를 찍어주는 역할을 요구받는다. 반면 여성들은 리더가 대화 분위기를 조성하고 중간에 끊어지거나 소외되는 사람이 없도록 배려해주기를 바란다.

창의적인 조직을 만든 이것

회의는 기본적으로 집단지성을 발휘하기 위해 시도하는 전형적 '쌍방향 커뮤니케이션Interactive Communication'이다. 여러 사람이 모여 문제나 정보를 공유하고 의견을 나누면서 함께 해답을 찾고 다시 그 결과를 공유하는 활동이다. 다양한 방향에서 서로 다른 내용과 형태의 커뮤니케이션이 이루어지는 전체의 활동이다. 그런 면에서 회의는 계주 커뮤니케이션처럼 진행하는 것이 더 효과적이라고 할 수 있다. 하지만 현실적으로 쉽지 않다. 남성과 여성이 같지 않기 때문이다. 어떻게 하면 좋을까?

조금은 뻔한 절충안 같지만, '여자의 회의'와 '남자의 회의' 그 중간 어딘가에 남녀가 함께 할 수 있는 회의가 있다. 이를테면 남성들이 강점을 보이는(혹은 강점이라 생각하는) 형식을 만들어 시간을 관리하는 등의 역할은 남성에게 맡기고, 여성들의 강점을 살려 이야기의 맥락을 잡아주고 자유롭게 이야기를 쏟아내도록 하는 등의 역할은 여성에게 맡기면 어떨까?

그 시작은 먼저 '인정하기'다. 대화라는 도구는 남자보다 여자가 훨씬 더 능숙하게 다룰 줄 안다. 이를 인정하고 회의의 주도권을 여성이 쥐게 한다면 회의의 결과물은 훨씬 더 풍부해질 수 있다. 이제까지 우리가 계승해온 지시와 보고 형태의 회의문화는 저개발국 대한민국을 고도성장의 길로 달려가게 하는 데는 기여했을지 몰라도 더 이상의 발전은 기대할 수 없다. 이제는 대화에 능한 여성들이 회의를 이끌어갈 수 있게 해야 한다. 그러면 보다 창의적인 생각들이 쏟아지는 생산적 회의로 거듭날 것이다.

창의적인 조직문화로 유명한 애니메이션회사 픽사에서는 몇 해 전 특별한 토론회가 열렸다. 제작한 영화마다 대박을 치면서 점차 매너리즘에 빠지게 되고 관료적 조직문화로 변질되어가고 있다는 지적에 따라 해결 방안을 모색하기 위한 토론회였다. 토론회를 개최한 CEO는 다른 조건은 붙이지 않았다. 다만 회의 참가자 중 50%는 여성이어야 하며 그들이 토론을 주도해야 한다는 것이 거의 유일한 조건이었다.

결과는? 대성공이었다. 지위고하를 막론하고 매우 다양한 의견들이 활발하게 개진되었으며, 유기적인 대화를 통해 아이디어에 아이디어를 더하여 가치 있는 정책을 만들어냈다. 그러한 정책들 중 상당수가 실제 픽사의 경영과 각종 규정, 작품 제작 등에 반영되었으며, 그 결과는 현재까지도 계속되고 있는 픽사의 승승장구가 입증하고 있다.

거시남,
미시녀의
진실

interview

♀

제가 입사할 때부터 사수였던 남자 선배는 저랑 나이 차가 몇 살 나지 않는데도 대화할 때마다 묘한 차이를 느꼈어요. 저는 '왜 저 선배는 저렇게 허공 위에 붕 뜬 얘기를 하는 걸까?'라고 생각하고, 선배는 제게 "너는 왜 그렇게 사소한 거에 집착하니?"라며 뭐라고 했지요. 그 선배가 지금의 남편인데, 5년을 같이 살았는데도 여전히 그런 생각이 들 때가 많아요.

김진아(가명, 34세 여), 전 S전자 무선사업부 ○○선행개발팀 과장

♂

보통 남자들은 거시적이고 여자들은 미시적 시각을 가졌다고 하는데, 전 오히려 그 반대인 것 같아요. 처음 입사한 신입사원들만 놓고 보면 여자들이 큰 그림을 보고 이해하는 면에서 전혀 부족함이 없어요. 다만 결혼과 육아 등의 문제로 경력이 단절되고 진급 등에서 밀리면서 거시적으로 바라볼 기회를 빼앗겨서 점점 그 능력이 감퇴되는 것 같아요. 제대로 지원만 해주면 전혀 문제 없어요.

우병진(가명, 51세 남), L종합금융 PFS 1영업본부 본부장

전라남도에 소재한 4개 대학이 연합으로 진행한 취업캠프 모의면접에 면접관으로 초청받은 적이 있다. 행사가 끝나고 주최 측 학장님이 면접관들에게 식사를 대접하고 싶다고 해서 자리가 마련되었다. 식사와 함께 술이 몇 순배 돌자 1박 2일 내내 엄숙함으로 무장한 '면접관스러움'이 조금씩 풀어지면서 테이블 위로 솔직한 생각들이 쏟아져나왔다.

"오늘 보니까 세상이 변했다는 게 정말로 실감나네요."

"그러게 말입니다. 여학생들이 얼마나 똑똑한지, 그에 비하면 남학생들은 준비가 영…."

"성별 안 보고 스펙이랑 면접만 가지고 뽑으면 합격 커트라인 내에는 죄다 여학생들만 있을 겁니다."

"맞아요."

대부분의 면접관들이 여성 지원자들의 수준이 높고 준비 역시 훨씬 더 철저하게 잘한 것 같다는 데 공감을 표했다. 그때 면접관들 중 제일 연장자일 것 같은 분이 확신에 찬 소리로 말했다.

"근데, 그래도 난 뽑으라면 남자애들 뽑을 거예요. 뽑을 때는 여자애들에 비해 좀 모자라 보여도 길게 보면 결국 남자애들이 할 거 하고, 길게 남더라고."

그러자 대화의 방향이 극적으로 바뀌기 시작했다.

"그러게요. 면접 볼 때는 여학생들이 똘똘해 보이기는 하는데…", "회사는 개인 능력도 중요하지만, 아무래도 조직에서 어떻게 생활하느냐가 중요하니까", "남자애들이 조직생활은 더 잘하니까", "처음에는 모자라도 조직에서 배우면 금세 따라잡더라고요"….

결국 그날의 술자리는 엉뚱하면서도 너무나 익숙한 '진리 명제' 하나와 함께 마무리되었다.

"그러게. 그래서 남자는 군대를 갔다 와야 해."

구글을 발칵 뒤집어놓은 문건

2017년 여름, 영국의 인터넷매체인 기즈모도gizmodo.com가 입수한 10쪽짜리 문건 하나가 구글을 발칵 뒤집어놓았다. 'Google's Ideological Echo Chamber 구글의 이념적 생태계'라고 이름 붙여진 이 문건은 'IT산업에서의 성차별은 단순히 몇몇 사람들의 잘못된 판단 때문이 아니라, 남녀 간의 생물학적 차이 때문'이라고 주장했다. 문건의 논지에 따르면 성차별은 '잘못된 일'이 아니라 지극히 '자연스러운 일'로 귀결될 수밖에 없었다. 관련 보도가 이어지면서 논란이 커지자 구글의 CEO가 직접 나서서 문건은 구글의 관점과 다르며 글을 쓴 이는 구글의 사규를 위반했다고 발표했다.

얼마 안 되어 문건을 작성한 직원의 신원이 밝혀졌다. 제임스 다모어라는 이름의 구글 엔지니어로 알려졌는데, "현상에 대한 내 견해를 밝히고 싶었을 뿐 누군가를 공격하거나 비난하려는 의도는 아니었다"는 해명에도 불구하고 짐을 싸서 회사를 나와야 했다.

이 일은 직장 내 여성 동료들에 대해 불만이 가득한 '찌질한 남성우월주의자'가 벌인 해프닝 정도로 보아 넘길 수도 있지만, 조금 더 관심을 갖고 들여다보면 '남성이 여성보다 우월하다'거나 '직장생활은 여성에게 맞지 않는다'라는 생각을 갖고 있는 이들의 의식 저변에 깔린 관념을 엿볼 수 있다.

다모어가 거의 확신에 차서(물론 순간적으로 흥분해서 그랬을 수도 있다) 자신의 밥줄을 끊어놓는 것은 물론 상당한 법적 책임을 지게 될 수도 있는 글을 쓰게 만든, '남녀 간의 생물학적 차이'란 대체 무엇일까? 조직생활에 더 걸맞을 수밖에 없는 생물학적 우월함이라는 게 남성에게 과연 있는 걸까? 역으로 여성에게 불리할 수밖에 없는 생물학적 열등함이라는 게 있는 걸까? 모든 것을 떠나 조직생활에 필요한 생물학적 특성이라는 것은 도대체 무엇일까?

386컴퓨터 vs 태블릿PC

아버지 월급이 50만 원현재 화폐가치로 400~500만 원 정도이고 개인용PC 한 대가 150만 원에서 200만 원 하던 시절의 일이다. 컴퓨터를 배우려고 학원에 가면 실습용 컴퓨터의 전원 버튼을 누르기까지 일주일에서 열흘 가까이의 시간이 필요했다. 그러면 그사이에 무엇을 하느냐? 이틀 정도는 컴퓨터라는 기계에 대한 이론을 배웠다. 가르치는 컴퓨터학원 강사님조차 한 번도 보지 못한 인류 최초의 컴퓨터 에니악ENIAC을 포함해 컴퓨터의 역사를 연도까지 필기하며 어렵게 배워야 했다. 그리고 나머지 날들에는 이른바 '순서도'라는 것을 배우고 그려야 했다. 그렇게 며칠을 투자하고 나서야 마침내 컴퓨터 전원을 켤 수 있었다.

현재는 어떨까? 유치원에 다니는 딸아이는 내가 컴퓨터 전원을 켜기 위해 들여야 했던 열흘간의 과정을 단 5초 만에 끝내버렸다. 구시대에 컴퓨터를 배운 아빠가 자기 딴에 아는 체를 한다고 태블릿 PC를 앞에 놓고 설명을 시작한 지 채 3, 4초가 안 되어 딸아이는 전원을 켜고 작동을 시작했다. 딸아이가 한 행동은 화면에 보이는 아이콘 중 예쁘거나 눈에 띄는 것을 눌렀다가 마음에 안 들면 엑스x 박스를 누르고 다른 아이콘을 눌러보는 것이었다. 그것만으로도 충분했다.

그런데 이 2가지 모습에서 우리는 구글의 '불행한' 엔지니어를 비롯한 이 시대의 남성 직장인들, 특히 관리자들이 여성 직장인들에 대해 갖고 있는 고정관념의 원인과 문제점, 그리고 해결 방안에 대한 힌트를 발견할 수 있다.

과거에 여직원들의 한계를 지적하던 남성우월주의자(?)들에게 단골 레퍼토리가 있었다. "여자들은 시야가 좁아", "부분적인 건 잘하는데 전체 판세를 보는 능력이 없어", "늘 자기중심적이고 감정에 휩싸여 판단하지" 등등. 지금은 많이 줄었지만 아직도 남성은 논리적이고 이성적인 데 비해 여성은 비논리적이고 감성적이라고 말하는 경우를 종종 본다. 그러나 그렇지 않다. 그것은 마치 순서도를 귀신같이 잘 그리는 386컴퓨터 시대의 눈으로 태블릿PC를 쉽게 다루는 이들을 비난하는 것과도 같다. "컴퓨터의 원리를 제대로 몰라", "컴퓨터를 켤 줄은 아는데 그게 왜 켜지는지 알지 못하지", "늘 사용자 중심적이고 자기 편한 대로만 컴퓨터를 쓰려고 해"라고 말이다.

여기서 우리가 알아야 할 더 중요한 것이 있다. 커뮤니케이션 방법이다.

커뮤니케이션은 2가지 방법으로 이루어진다. '언어적 커뮤니케이션'과 '비언어적 커뮤니케이션'이다. 언어적 커뮤니케이션은 말로하는 대부분의 의사소통과 보고서나 이메일 등 문자를 활용한 정보의 교환을 의미한다. 비언어적 커뮤니케이션은 언어적 커뮤니케이션을 제외한 나머지 것들을 통칭하는데, 소통하는 이들의 표정, 태도, 몸짓뿐만 아니라 장소, 시간, 심지어 체취와 온도까지 그 범위가 대단히 넓다.

영국에서 원작 소설보다 베네딕트 컴버배치라는 배우가 주연한 드라마로 더 많이 알려진 〈셜록Sherlock〉. 이 드라마에서 명탐정 홈스는 자신의 탁월성을 증명하는 행동을 종종 보이는데, 상대를 흘끗 보거나 몇 마디 대화를 나눈 것만으로 그의 출신이며 취미 등 개인적 특성들을 속속들이 알아맞힌다. 예를 들면 이런 식이다. 영원한 자신의 파트너인 닥터 왓슨을 보자마자 대뜸 우체국에 다녀왔느냐고 묻는다. 왓슨이 아무 얘기를 하지 않았는데도 말이다. 어떻게 알았느냐고 묻는 왓슨에게 홈스가 이야기한다.

"자네 신발 밑창의 붉은 흙. 요즘 우체국 앞에서 보도블록 들어내고 흙을 파내는 공사가 한창이지. 우체국에 들어가려면 그 흙을 밟을 수밖에 없을 테고. 우리 마을에서 자네 신발에 묻은 그런 붉은 흙을 밟을 만한 곳은 거기밖에 없지."

아주 세부적이고 논리적인 추론이다. 하지만 안타깝게도 성인 남자들은 작고 사소한 부분의 변화를 읽어내는 능력이 떨어진다(아니라면 왜 수많은 부부 또는 연인 사이에서 바뀐 머리 스타일 때문에 말다툼이 벌어지겠는가). 어떻게 해서 읽어낸다 해도 각각의 단서들을 논리적으로 배열하고 그것들 간의 연관성을 유추하여 하나의 스토리로 만들어가는 방식을 취한다. 반면에 여자는 단서들을 포함한 모든 내용을 하나의 그림처럼 찍어서 통째로 읽어내는 방식을 택한다. 어떤 이는 이를 '여자의 육감'으로 정의하기도 하는데, 그보다는 전체를 있는 그대로 받아들이고 전반적인 '뉘앙스nuance'를 감지하는 데 매우 능하다고 표현하는 것이 더 맞을 듯하다.

남자는 살피고, 여자는 알리고

뉘앙스는 프랑스어에서 유래한 단어로, 원래는 색깔들 사이의 미묘한 차이를 의미했다. 그랬는데 점차 단어들 사이의 미묘한 차이, 표정들 사이의 미묘한 차이 등과 같이 쉽사리 알아채기 어려운 차이를 통칭하는 단어로 널리 쓰이게 되었다. 그 때문일까? 애플에서 만든 아이폰의 음성인식 기능인 시리Siri나 BMW가 개발한 자동주행시스템인 아이드라이브iDrive 등에 쓰이는 음성인식 관련 솔루션을 제공하는 기업이 이름을 '뉘앙스 커뮤니케이션즈Nuance Communications'로 짓기도 했다.

문제는 그러한 뉘앙스가 남성들에게는 명확하게 이해되지도, 분명하게 해석되지도 않는다는 점이다. 따라서 대화를 나누거나 업무를 진행할 때는 이 뉘앙스에 대한 통역부터 해야 한다. 방법은 다음과 같다.

　남성 직장인들은 어떤 정보를 직접적으로 전달하기에 앞서 여성 동료나 부하, 상사가 현재 어떤 상태에 있고 당면한 상황을 어떤 느낌으로 받아들이고 있는지를 먼저 살핀다. 그리고 대화를 시작한다. 여성 직장인들은 자신이 느끼는 분위기와 감정 상태를 보다 분명하게 전달한다. '어떻게 이런 것도 못 느끼지?', '도대체 문제가 뭔지도 몰라'라고 실망하기에 앞서 남성 동료나 상사에게 충분히 설명하고 생각을 구체적으로 설명할 필요가 있다.

'수다'를
떨게 하라
수다를

interview

♀

남자들은 여자들이 모여서 얘기를 하면 왜 하는지, 어떤 내용인지는 생각하지 않고 무조건 '수다'라는 이름 하나로 통쳐서 '쓸데없는 노닥거림'으로 폄하하려는 경향이 있는 것 같아요. 정작 여자들은 그 수다를 통해 중요 정보를 얻고, 더 나은 삶을 살아갈 힘과 에너지를 얻는 경우가 많은데 말이죠.

조현경(가명, 34세 여), K전자부품 내수마케팅본부 특판영업팀 과장

♂

관리팀장이 "탕비실에서 여직원들이 옹기종기 모여서 쓸데없는 수다나 떨고 있다"며 탕비실을 폐지하겠다고 보고하기에 옆의 비품창고를 옮기고 벽을 터서 편하게 앉아 수다를 떨 수 있는 여성 전용 휴게실을 만들어 주라고 했어요. 제가 올해 한 결정 중 가장 잘한 일이었다고 봅니다.

오세정(가명, 60세 남), P시큐리티 사장

자동차 전장부품을 제조하는 모 대기업에서 구매실장으로 일하는 최상규 부장가명, 49세 남은 얼마 전 흥미로운 경험을 했다. 전 직장인 H그룹의 동기생들로 이루어진 친목 모임에서 부부동반으로 만났는데, 3시간에 걸쳐 반주를 곁들인 식사와 대화를 마치고 집으로 돌아왔을 때의 일이다. 오자마자 부부는 소파에 몸을 누였는데, 가만 보니 피곤한 사람은 최 부장뿐이었다. 아내는 평소 잘 입지 않던 고탄력 스타킹과 굽 높은 구두 탓에 다리가 조금 아팠을 뿐 모임에 나가기 전보다 오히려 더 생기가 있어 보였다.

더 재미있었던 것은 그다음 날의 일이었다. 직원들과 점심식사 후 커피를 마시면서 어젯밤 집에서 있었던 일을 이야기하니 남직원들은 대부분 최 부장의 말에, 여직원들은 모두 최 부장 아내에게 공감을 표했다는 것이다.

"맞아요. 한참 이야기를 나누다 보면 진짜 머리가 멍해질 때가 있다니까요? 수다에 에너지가 보통 소비되는 게 아니에요. 1시간 수다 떨면 30분 조깅한 거랑 맞먹을걸요?"(남직원)

"아니죠. 스트레스 쌓일 때나 골치 아픈 일 때문에 만사가 귀찮을 때 친한 친구나 언니들이랑 한참 수다를 떨다 보면 다시 일어설 에너지가 생기죠. 맛있는 음식을 먹으면서 이야기할 수 있으면 금상첨화고요."(여직원)

남성과 여성이 서로의 행동에 대해 가장 이해할 수 없다는 반응을 보이는 부분이 수다, 바로 '대화 나눔'이다.

우리는 왜 이야기하지 않을까?

뉴욕시립대 교수로 《레이첼 구하기Saving Rachel》, 《듀얼 앤드 듀엣 Duels and Duets》, 《왜 우리는 더 이상 서로 이야기하지 않을까? Why We Don't Talk To Each Other Anymore?》 등의 베스트셀러를 낸 언어학자 존 로크John L. Locke 는 남성들로부터 시간 낭비로 폄하되는 수다가 어떻게 여성들에게는 스트레스 해소의 차원을 넘어 생산적인 과업으로 애호되고 있는지에 대해 다음과 같이 설명했다.

"외부의 침입과 공격에 대해 남성은 그 외부의 대상 자체를 공격해서 이겨내는 것에 집착하는 쪽으로 진화한 반면, 여성은 그 외부의 대상으로부터 내부 커뮤니티를 보호하는 쪽으로 진화해왔다. 그 과정에서 가장 중요한 것 중 하나가 기본적으로 '주변 집단에 대해 염려하고 이야기하는 것'이었으며, 따라서 여성들이 수다를 떨고자 하는 욕망의 뿌리는 자신의 삶 안에 있는 커뮤니티를 견고하게 유지하고자 하는 매우 긍정적이고 발전적인 심리에서 비롯된 것이기에 여성들은 수다를 떨어도 에너지가 소비되는 것이 아니라 발전적인 활동을 통해 에너지가 유지 또는 오히려 생성되는 경험을 하게 된다."

우리의 일상에 비추어봐도 그렇다. 남성은 직장에서 괴롭히는 상사가 있으면 퇴사하여 아예 안 보거나 술 기운을 빌어서 직접 들이받지 않는 이상 스트레스를 풀 길이 없지만, 여성은 가족이나 동료에게 그 상사에 대한 이야기를 쏟아내는 것만으로도 어느 정도 스트레스를 풀 수 있다. 이런 차이 때문에 부부간 갈등이 일어나기도 한다. 아내는 남편에게 "도대체 밖에서 무슨 일이 있었는지 왜 얘기를 안 하는 거야?"라는 불만을, 남편은 아내에게 "뭔 놈의 회사 얘기를 집에 와서까지 시시콜콜 다 늘어놓는 거야?"라는 불평을 갖기 때문이다.

수다떠는 여성은 에너지 충전 중

'수다'라는 말은 그 어원도 분명치 않을뿐더러 '~떨다'라는 동사와 함께 쓰여 '쓸데없이 말수가 많음 또는 그런 말'이라는 의미로 부정적인 느낌을 준다. 그러면서 여성 비하적이고 성차별적인 단어가 되었다. 바로잡아야 한다. 수다가, 대화가 여성들에게 에너지 낭비가 아닌 에너지를 충전해준다는 사실에 비추어봐도 그렇다.

몇 해 전, 모 주류회사가 주최한 명사특강 행사에서 방송인 김제동 씨가 했던 말 중 청중의 폭소를 자아낸 이야기가 있다.

"1시간짜리 드라마를 보고 그 내용에 대해 4시간을 이야기할 수 있는 것이 여자", "3시간 동안 전화로 얘기한 뒤 자세한 얘기는 만나서 하자고 하고 5시간을 얘기한 뒤 더 자세한 얘기는 전화로 하자는 것이 여자"

대화를 즐기는 여성의 특성을 다소 과장되게(나는 그렇게 생각하지 않는다. 나와 가장 가까이 있는 여성은 감명 깊게 들은 '15분짜리 미니특강'의 내용을 3시간 반에 걸쳐 풀어놓기도 했다) 표현했지만, 대화 나눔이 본인의 에너지를 소비시켜 피로감을 느끼게 한다면 여성들도 수다떨기를 하지 않을 것이다.

그럼에도 불구하고 직장에서는 대화를 둘러싼 남녀 간 차별이 공공연히 이루어져왔다. 흡연실이나 술자리에서 남성들이 나누는 대화는 업무의 연장으로 인정받는 편이지만, 탕비실이나 사무실 근처 커피숍에서 여성들이 나누는 대화는 그 내용이나 결과물에 관계없이 그저 수다라는 이름으로 뭉뚱그려져 비효율과 쓸데없는 낭비의 대명사격으로 폄하된다.

남녀 집단에서 대화의 리더는?

대화의 주도권에 대한 생각 또한 남녀가 다르다. 여성은 자신의 생각이나 감정을 이야기해서 가장 많은 이들의 이해와 공감을 얻은 사람이 주도권을 쥔 것으로 생각하는 반면, 남성은 가장 많이 말하거나 결론을 내리는 사람이 대화를 주도했다고 여긴다. 그래서 여성 집단에서는 리더가 대화 중간중간에 등장하지만 남성 집단에서는 제일 마지막에 등장하여 대미를 장식한다. 이 차이를 좁히지 않으면 남녀의 대화가 비생산적으로 겉돌거나 갈등을 일으키기 쉽다.

유재석, 신동엽, 강호동, 전현무 등 일명 '국민MC', '최고의 진행자'로 인기를 끄는 사람들의 공통점은 무엇일까? 이들은 어떤 방송, 어떤 무대에서건 좌중의 호응을 이끌어내며 리더로 인정받는다. 또 하나의 공통점은 리더의 역할을 능숙하게 하면서도 출연자들이 대화에 참여할 수 있도록 배려하고 그들이 가지고 있는 끼를 마음껏 발휘할 수 있도록 분위기를 만들어준다는 것이다.

세계적인 경영자들도 다르지 않다. 그들은 엄숙한 회의실이나 거창한 컨퍼런스에서 비서가 써준 연설문을 멋지게 읽기보다 경영의 현장으로 직접 찾아가 직원들과 수시로 대화를 나누고, 필요한 메시지를 전하고, 중요한 정보를 구한다.

사소하고 빈번한 대화에서 의미를 찾아 영향력을 발휘하는 여성형 대화가 대세인 시대다. 이에 기업들도 적극 가세하고 있다.

대표적인 이러닝 E-Learning 기업 중 한 곳인 휴넷은 '에듀테크펍 Edutech Pub'이라는 이름의 수다 공간을 운영하고 있다. 이름만 펍이 아니라 실제로 직원들이 캔맥주를 마시며 자유로이 수다를 떤다. 처음에는 IT부서의 직원들만 이용하는 공간이었으나, 가볍게 한잔하면서 이런저런 얘기를 나누고 싶어 하는 다른 부서 직원들이 하나 둘 모여들었고, 이내 사랑방 역할을 하는 곳으로 거듭나게 되었다. 이곳에서 직원들은 부서와 업무, 직급과 직책을 떠나 마음껏 수다를 떨면서 기존에는 생각지도 못했던 차별화된 교육 프로그램과 다양한 서비스 등을 만들어내고 있다.

이제는 수다에 대한 시각 전환이 필요하다. 수다를 자신의 곁으로 데리고 오는 자가 승리한다. 여성들 간의 사적 대화로 치부해버렸던 수다라는 귀한 도구를 남녀가 함께 할 수 있는 열린 영역으로 끌어낼 수 있어야 한다. 수다를 생산적 에너지로 전환시킬 수 있는 방법론적 고민과 함께 있는 그대로의 모습으로 수다를 바라봐줄 수 있는 자세가 필요하다.

오빠는
뭘 잘못했는지
모른다

interview

♀

남자들은 나이, 학번, 심지어 군번까지 따지는 경우가 많잖아요. 군필자들은 같은 나이의 여자들보다 2년 정도 늦게 입사하고요. 호칭이나 관계 형성에서 남자들이 나이 어린 여자 선배들을 상대하기가 껄끄럽겠지만, 우리 역시 마찬가지예요. 매번 남자 신입이 들어올 때마다 군 면제된 사람이었으면 하는 마음이 들지요.

김아영(가명, 26세 여), A주식회사 인력개발팀 사원

♂

예전에는 군필자 남자들이 나이 어린 여자 상사를 대할 때 스트레스를 많이 받았는데, 요즘은 그렇지도 않은 것 같아요. 입사하고 며칠만 지나면 서열 정하고 알아서 별 무리 없이 관계를 형성하는 편입니다. 연하의 여자 선배들에 대해 어색해하는 분위기는 아닌 것 같습니다. 물론 속마음까지 그런지는 장담할 수 없지만요.

고병철(가명, 44세 남), K공사 경영지원본부 기본교육팀 차장

몇 해 전, SNS를 중심으로 그림 파일 하나가 떠돈 적이 있었다. 마치 순서도를 그대로 본딴 듯한 그림은 사귀는(혹은 함께 사는) 남녀가 다퉜을 때 발생하는 상황에 대해 다소 우스꽝스럽게 풍자해놓았는데, 여성들보다는 남성들의 폭발적 호응을 이끌어내며 널리 회자되었다.

갈등에 대처하는 남녀의 자세

유머를 다큐로 받아들이고 싶은 생각은 없지만, 이 그림은 크게 2가지 면에서 오류를 범하고 있다. 우선 대등한 관계여야 할 남성과 여

> **남자들이 절대 빠져나올 수 없는 무한루프**

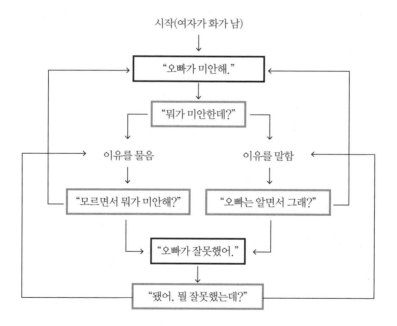

시작(여자가 화가 남)

"오빠가 미안해."

"뭐가 미안한데?"

이유를 물음   이유를 말함

"모르면서 뭐가 미안해?"   "오빠는 알면서 그래?"

"오빠가 잘못했어."

"됐어, 뭘 잘못했는데?"

* 출처 : 각종 인터넷 커뮤니티와 유머 사이트 인용, 정리

성이 '오빠'라는 호칭을 써서 '투정 부리는 어린 여성'과 '너그럽게 포용하고 넘어가야 할 어른 남성'이라는 식으로 이미지를 고착화했다. 여전히 우리 사회에는 연애나 결혼 문화가 연상 남자와 연하 여자를 중심으로 형성되는 경우가 많지만, 남성은 모든 것을 포용하는 '어른스러운' 존재이고 여성은 뭘 모르면서 투정만 부리는 '아이 같은' 존재로 일반화하는 것은 문제가 있다. 또 하나, 논리의 전개가 지극히 남성 위주인데도 합리적 틀을 가장함으로써 억지를 부리는 여성 때문에 갈등이 해결되지 않고 무한 반복된다는 인상을 준다.

그렇지만 이 그림은 흥미로운 역설을 보여준다. 그림을 그린 사람은 '여성은 문제 해결에서 비논리적'이라는 생각을 '논리적으로 보이는' 순서도의 형식을 빌려 나타내고자 했으나, 역으로 여성들과의 갈등 해결 방식에 대한 남성들의 몰이해 또는 인식 부족을 그대로 담아낸 그림이 되고 말았다. 다시 말해서 이 그림은 그럴듯하면서도 전혀 엉뚱하게 논쟁적이다.

대체로 남성들은 어떤 문제 상황에 직면하면 신속하게 해결하고 싶어 한다. 문제에 집중하여 가용할 수 있는 모든 수단을 찾거나 만들어낸다. 그러면서 "여자들은 쓸데없이 생각이 많아", "역시 여자들은 실행력이 떨어져"라고 말한다. 여기에 하나 더 결정타처럼 붙이는 말이 "군대를 안 갔다 와서 그래"다. 군필자들은 공감할지 르지만, 군대 경험이 신속한 대응에 도움이 될 수도 있지만, 실제로 문제를 해결하는 데는 별 도움이 되지 않는다는 것이 문제다.

아무튼 이 그림이 사람들의 관심을 불러일으킨 것만 봐도 문제 상황에 대한 여성과 남성의 인식 차, 그로 인한 커뮤니케이션 갈등이 얼마나 큰지를 알 수 있다.

그렇다면 이러한 인식 차와 문제는 어디에서 비롯되는 것일까?

공감하려는 여자, 통제하려는 남자

얼마 전 H그룹의 연수원에 강의하러 갔다가 겪은 일이다.

점심식사를 마친 연수생과 교육 진행자, 강사 들이 커피를 손에 들고 로비를 가득 메우고 있었다. 그 와중에 한 30대 남성이 한 손에 커피를 들고 스마트폰을 조작하며 걷다가 컵을 떨어뜨리는 바람에 반들반들한 화강암 바닥 위로 커피를 쏟아버리고 말았다. 순간 내 눈에 들어온 것은 사고를 친(?) 당사자보다 그를 바라보던 사람들의 반응이었다.

먼저 50대 남성: 저, 저, 저, 봐라. 길 가면서 전화기 들여다보더 라니!

곧이어 40대 남성: 어벙한 녀석. 내 그럴 줄 알았다. 저걸 다 언 제 닦냐?

이어서 30대 남성: 어이쿠! 대형 민폐 등장이요. 미화원 여사님 한테 걸리면 죽었다. 큭큭.

다른 남성들의 반응 역시 이와 크게 다르지 않았다. 그렇다면 여 성들의 반응은 어떠했을까?

그들의 반응은 굳이 연령대를 구분할 필요도 없이 하나였다.

"어머, 어머, 어머, 저걸 어떻게 해!"

작은 해프닝이었지만 그들이 보인 반응에서 우리는 남녀가 문제 상황에 반응하고 해결하는 방식의 차이를 엿볼 수 있다. 남성이 문제 또는 갈등의 책임(또는 원인)이 누구에게 있는지를 재빨리 찾아내어 제거하는 방법(위에서 보듯 소극적인 비아냥이나 비판부터 집단적 따돌림, 법적 책임 소재 규명 등)에 몰두하는 반면, 여성은 먼저 문제적 상황에 깊이 공감하여 감정적 톤을 맞춘다.

미국의 저명한 사회운동가이자 정치인인 차커우디언Lorig Charkoudian 박사는 〈갈등 해소Journal of Conflict Resolution〉라는 학술지에 기고한 글에서 이러한 남녀 간 차이에 대해 설명했다. 그에 따르면 어떤 갈등 상황이 생기면 남녀를 불문하고 그것을 조정하려고 하는데, 세부적으로 활용하는 조정 스킬은 기존의 관념과 달리 남녀 사이에 큰 차이가 없다. 갈등을 빚는 양측의 주장을 '요약하여 다시 말해주기', 양측의 논리를 '객관적으로 분석하여 재구성하기' 등이 그것이다. 분명한 차이는 그러한 스킬을 통해 남녀가 궁극적으로 보여주고자 하는 모습에 있다. 여성은 위와 같은 스킬을 발휘하여 양측의 입장을 보다 깊이 공감하고 그들이 주장하는 메시지를 명확하게 이해하려는 반면, 남성은 전반적인 해결 과정을 자신의 의지대로 통제하고 관리할 수 있는지에 관심을 기울인다.

연수원 로비에 커피가 쏟아진 비정상적인 상황에 대해 여성들이 커피를 쏟은 당사자의 심정에 공감하며 그가 하고 싶은 말(앗, 이걸 어쩌지?)로 반응한 반면에 남성들이 문제의 상황을 심판하고 평가하는 태도를 보인 것에는 이와 같은 근본적 차이가 작용했기 때문이다.

여자의 감각으로 이해하고, 남자의 심장으로 해결하라

다소 급진적인 기독교 성향인 재세례파Anabaptist의 대표적인 신학
자이자 미국 풀러신학교에서 상담학을 가르치는 데이비드 옥스버
거David Augsburger 교수는 그의 저서 《문화 간의 분쟁 조정Conflict
Mediation across Cultures》에서 다음과 같이 적었다.

"갈등을 비롯한 모든 문화, 사회적 현상에는 독특한 구조적 의미
가 있다. 이 때문에 한 문화에서 비슷해 보이는 갈등이 다른 문화에
서는 전혀 다른 갈등으로 보여지기도 한다."

갈등은 보편적이지만 표현되는 양상이나 이해되는 방식은 문화
권마다 다르다. 같은 문화에서는 동일하게 인식되어 기존의 방법으
로 해결하면 되는 갈등도, 다른 문화에서는 전혀 다르게 보이며 따
라서 같은 방식으로는 절대 해결이 안 된다는 것이다. 문화에 맞게
갈등을 다루어야 하는 이유다.

남성과 여성의 갈등도 마찬가지다. 남성적 문화에서는 문제가
되지 않는 사소하고 보잘것없는 갈등이 여성적 문화에서는 엄청난
문제가 될 수 있다. 그 역도 성립한다.

농담처럼 회자되는 이야기가 있다.

절친한 친구로 지내던 여중생 둘이 크게 다투었다. 서로 울먹이
며 상대를 탓하다가 이내 한 학생이 큰 결심을 했다는 듯 상대 여학
생을 향해 외쳤다.

"이제 너랑 다시는 화장실 같이 안 가!"

그 말에 남학생들은 "저게 뭔 소리야?", "화장실에 같이 안 가는 게 무슨 대수라고?"라는 반응을 보였고, 여학생들은 "쟤네 진짜 절교하려나 봐!", "어머, 왜 저렇게 서로 삐친 거지?"라며 크게 걱정하는 모습을 보였다.

반대의 경우도 있다. 남학생들이 티격태격 다투다가 한 학생에게 "넌 다음 축구시합부터 공격수로 뛰지 마. 수비나 해!"라고 했다. 그러자 여학생들은 "축구시합에서 공격하지 말고 수비하라는 게 뭔 대수라고?" 하며 싱겁게 반응했지만, 남학생들은 혀를 끌끌 차며 "쟤 난리 났네", "이제 운동장에 안 나오겠네"라며 참으로 안됐다는 표정을 지었다.

우스갯소리 같지만 실제로 있었던 일이다. 이 경우만 봐도 하나의 갈등 요인에 대해 남자들의 세계에서 받아들이는 심각성의 정도와 여성들의 세계에서 받아들이는 심각성의 정도에 얼마나 큰 차이가 있는지를 알 수 있다.

사람은 누구나 갈등 상황이 발생하면 당황하기 마련이고 자신에게 가장 익숙한 방식으로 해결하려는 경향을 보이게 된다. 그러다 보니 갈등 자체보다 해결 방식에 대한 의견 차로 다투게 되고 갈등의 골은 더 깊어지게 된다. 어떻게 하면 좋을까?

'여자의 마음으로 이해하고 남자의 가슴으로 해결'할 것을 권한다. 갈등 상황에 직면했다면 즉각적으로 반응하거나 당장 해결하겠다며 덤비지 말고, 인내심을 발휘하여 이해와 공감부터 한다. 커피를 쏟은 상황에서 여성들이 보인 반응처럼 판단과 단정에 앞서 난처해진 사람의 심정을 대변하는 모습으로 대하면 해결의 실마리를 보다 쉽게 찾을 수 있다. 그다음에는 문제 상황에 대한 정보를 수집하고 정확한 판단에 필요한 단서들을 최대한 확보하여 사람들과 공유한 뒤 남성들처럼 일정한 룰을 정해 문제 해결을 위한 신속한 방법을 찾아 실행하면 된다.

참을 수 없는
존재의 다름

interview

♀

남자들은 여자들에 비해 '다름'을 인정하는 능력이 좀 떨어지는 것 같아요. 조금만 화려하거나 튀는 옷을 입고 와도 벌써 불편해하는 기색들이 역력하거든요. 어디 가서 밥을 먹어도 웬만하면 메뉴를 통일하려 들고요. 아무튼 자기 생각이나 익숙했던 것에서 조금만 달라도 그걸 못 참아내는 것 같아요.

송진아(가명, 31세 여), 프리랜서

♂

나와 '다른 것'에 대한 이해도는 여자들도 그리 높지 않다고 봐요. 우리 회사만 봐도 조금 튀는 여직원이 있으면 나머지 여직원들이 똘똘 뭉쳐서 이상한 사람을 만들어버리곤 해요.

김진욱(가명, 36세 남), T시스템즈 대외협력팀 과장

20여 년 전, 군에 입대해 훈련소에서 앞으로 복무하는 동안 입어야 할 군복과 기타 장구류를 지급받을 때였다.

"9-980번!"

내 번호를 부르는 소리에 뛰어나가니 전투화 출고를 담당하는 병사가 275mm 사이즈 두 족을 턱하니 내주었다. 내 발은 유독 볼이 넓은 편이라 일반 구두는 280mm, 운동화는 285mm가 되어야 양말을 신었을 때 아주 조금 여유가 있었다.

"작을 것 같은데요."

"신어보십시오!"

"(한 쪽만 신어보고 나서) 작은데요. 더 큰 걸로 주세요."

"어… 없는데… 280mm 이상은 몇 족 안 들어와서 남은 게 없습니다."

그렇다고 발에 꽉 끼는 전투화를 받아갈 수도 없는 노릇이었다. 이러지도 저러지도 못하고 있는데 훈육관을 맡고 있던 대위가 뒤에서 고함을 쳤다.

"무슨 일이야?"

병사와 나는 자초지종을 이야기했고, 나는 내심 훈육관이 병사를 다그쳐 내 발에 꼭 맞는 280mm 전투화를 구해다줄 거라고 기대했다. 그러나 10초도 안 되어 처절하게 깨지고 말았다. 훈육관은 275mm 전투화를 내 앞에 집어 던지며 소리를 질렀다.

"가져가!"

그다음에 이어진 말은 오랜 시간이 지난 지금까지도 내 기억 속에 또렷이 남아 있다.

"신발에 발을 맞추란 말이야!"

지금은 웃으며 이야기하는 추억거리가 되었지만, 당시에는 너무도 충격적이고 당혹스러웠다. 그리고 제대 후 사회생활을 하면서 '군화에 발을 맞춰야 하는 상황'이 드물지 않은 일이라는 것을 깨닫게 되었다. 특히 남자들이 모여 있는 집단에서는.

짜장면으로 통일?

한때 인기를 끈 CF가 있었다. 모 통신사 광고였던 걸로 기억하는데, 예닐곱 명의 직장인들이 점심시간이 되어 식당에 가서 주문을 하는데, 그중 상급자로 보이는 중년 남성이 인자한 음성으로 이렇게 말한다.

"마음껏 시켜 먹게. 난 짜장."

그러자 법인카드로 맛난 것들을 양껏 시켜 먹을 수 있을 거라는 기대에 부풀어 있던 직원들이 울상을 지으며 짜장면으로 통일한다.

요즘도 이런 곳이 적지 않을 것이다. 물론 예전과 달라진 모습도 볼 수 있다. "식사 하나씩 하고, 요리 두어 개 시키면 안 됩니까?"라고 말하는 직원도 있고, 짬뽕이나 볶음밥을 시켜 먹는 직원도 더러 있다.

이 같은 변화를 두고 많은 이들이 말한다.

"(밀레니엄세대니 신세대니 하는) 젊은 직장인들이 늘어났다", "어렸을 때부터 애지중지 키워지며 원하는 것을 거리낌없이 말하는 외동 자녀들이 사회에 대거 유입되었다" 등등.

그만큼 시대가 변했고 세대는 교체되었다. 하지만 그것만으로 설명할 수 없는 부분이 있다. 바로 군화에 발을 맞춰온, 그것을 당연하게 생각했던, 더 나아가 그런 생각을 두고 철이 들었다, 세상 물정을 알게 되었다, 성숙해졌다며 긍정적으로 여기는 남성들이 만들어온 기존의 직장문화에 여성이라는 존재가 대거 유입되었기 때문이다. 그와 더불어 하고 싶은 말을 하는 직원들이 '통일'을 거부하고 과거의 질서에 균열을 내기 시작하면서 직장에 새로운 바람을 일으키게 되었다.

같아지려는 남자, 달라지려는 여자

'튄다'라는 단어가 있다. 무언가 다른 것, 기존의 것들과 확연히 구별되거나 눈에 더 잘 들어오는 것을 지칭하는 단어다. 단어 자체에는 호불호나 선악의 개념이 없다. 그런데 유독 대한민국, 그것도 성인 남성들 사이에서는 이 단어가 '이기적이다', '소아병小兒病적이다', 고로 '미숙하고 어리석다', 그래서 '싫다!'는 개념으로 통용되어왔다.

흔히 영화나 TV드라마에서 자주 등장하는 장면이 있다. 정의감과 사명감에 불타는 신임 경관이나 공무원이 부임해서 나태함과 부정부패 등에 물든 선배 경관이나 공무원의 태도에 제동을 걸면 말 많고 참견하기 좋아하는 선배 하나가 돼지껍데기집에서 소주를 사주며 이렇게 말한다.

"야, 우리는 뭐 꿈이 없었는 줄 알아?"

말인즉슨 튀는 행동을 하지 말라는 훈수다. 그렇게 튀지 않게 동일화(더 나아가 획일화)하는 것이 남성 중심의 한국 사회에서는 세상 물정을 알아 성숙해지는 것이라는 의미로 쓰였다. 물론 여럿이 함께 일하는 조직에서는 어느 정도 동일한 생각과 문화를 공유할 수 있어야 한다. 문제는 동일화의 과정에서 발생하는 부작용이다.

가장 대표적인 것이 반대의견이나 이견을 인정하지 않아서 일어나는 견제 없는 폭주다. 세계사를 뒤흔든 수많은 사건사고, 어이없는 참사의 상당수가 그래서 발생했다는 사실을 우리는 잘 알고 있다. 조직 안에서 사전 견제와 비판적 토론을 거쳐 충분히 예방할 수 있었음에도 불구하고 그러지 못해 비극이 일어났던 것이다. 더 좋은 결과를 낼 수도 있었는데 최고경영자의 독주를 막지 못해 실패의 길로 들어선 기업들의 사례 역시 우리는 익히 잘 알고 있다.

네트워크를 바탕으로 생활밀착형 제품과 서비스를 판매하여 국내 굴지의 기업으로 성장한 W그룹은 주력 사업과 무관한 건설사를 인수했다가 도산 위기 직전까지 몰렸던 적이 있다. 경쟁력 없는 건설사를 인수하는 것에 반대하는 임직원들이 있었지만, 그들의 목소리는 인수를 주장하는 다수의 목소리에 묻혔고, 최고경영자의 결정을 막지 못했다.

두 번째 부작용은 첫 번째 부작용의 연장선상에 있는데, 보스의 의견에 맹목적으로 추종하는 사람들이 무리를 이루어 다른 구성원들을 고립시키거나 배척하면서 발생하는 '패거리문화'다. 불필요한 오해와 편견을 만들고 분열을 조장하여 조직의 건전한 성장을 저해하므로 반드시 제거해야 한다.

세 번째 부작용은 개인과 조직의 창의가 극도로 저하되는 것이다. "새로운 아이디어를 가진 사람은 그 아이디어가 성공하기 전까지는 괴짜다"라는 말이 있다. 우리에게 《허클베리핀》, 《톰 소여의 모험》 등으로 유명한 작가 마크 트웨인의 말이다. 역사적으로 위대한 발명가나 창의적 아이디어들은 대부분 기존의 관점에서 보면 튀고 어색해 보이는 것들이었다. 바꾸어 말하면 다름을 용인하지 않는 문화에서는 탁월한 창의성을 기대할 수 없다. 그런데 우리 사회에서 다름을 거부하는 획일적 문화가 공고해진 배경에 남성 중심의 문화가 있었다.

남성들은 조직에 편입되자마자 기존의 문화와 관계에 자신을 동화하는 데 능력을 발휘해왔다. 주어진 군화에 발을 맞추고, 명령과 복종의 체계를 익숙하게 받아들이면서 기존의 선배들이 그랬던 것처럼 탄탄하고 일사불란한 조직문화를 만들어왔다. 그것을 당연시했고, 그러한 획일화의 과정에서 성장하는 것이라고 믿었다. 심지어 윗사람들이 다 하는 술과 담배조차 따라 했다. 여성들은 달랐다. 동일한 환경에서도 자신만의 차별화된 무언가를 갖추고 싶어 했다. 남들과 똑같은 색상과 디자인으로 입어야 하는 교복도 자기만의 액세서리나 꾸밈으로 개별화하려고 했고 그것이 어른이 되어가는 과정이라고 생각했다. 즉, 남성은 획일화의 과정 속에서 성장한다는 믿음이, 여성은 차별화의 과정 속에서 성장한다는 믿음이 있었다. 실제로 안신호 부산대 심리학과 교수의 논문을 비롯한 연구 결과들을 살펴보면, 여성보다는 남성이, 남성 중에서도 연령대가 높을수록 획일화, 집단주의, 단체 소속감에 대한 선호도가 높다는 사실을 확인할 수 있다.

틀림에서 다름으로, 있는 그대로 바라보기

다섯 살짜리 자폐 성향을 지닌 딥스라는 어린아이를 놀이치료를 통해 치유해가는 과정을 소설처럼 그린 미국의 임상심리학자 버지니아 액슬린Virginia M. Axline 박사는 《딥스DIBS》라는 책에서 '다름'과 '틀림'의 차이에 주목했다.

사람들이 흔히 혼동해서 쓰거나 아예 반대로 쓰기도 하는 두 단어의 차이는 명확하다. 다름은 그저 '같지 않음'이다. 따라서 필요에 따라 조율하거나 타협하면 된다. 굳이 바꾸려 하지 않아도 되고 있는 그대로 인정해주는 것이 공존의 첫걸음이다. 틀림은 '옳지 않음'이다. 자기 자신은 물론 다른 사람에게 피해를 주거나 문제를 일으킬 수 있기에 바꾸거나 버려야 한다. 필요에 따라서는 강제적으로라도 그렇게 해야 한다.

이 다름과 틀림을 잘 구분하지 못해 문제가 발생하는 경우를 자주 본다. 특히 다른 것을 틀린 것으로 오인하여 부정하고 배척하고 교정하려 들면서 충돌이 일어나고 격한 싸움에 휘말린다. 그대로도 괜찮은데, 적절히 맞추기만 해도 되는데 바꿔야 한다, 버려야 한다고 참견을 하니 당하는 입장에서는 받아들일 수 없어 방어하고 공격하게 되는 것이다.

직장 내 남녀 문제도 별반 다르지 않다. 도저히 풀 수 없을 것 같은 어렵고 복잡한 문제도 가만히 그 원인을 들여다보면 대부분 '남성과 여성 사이의 다름'을 "여자들은 저래서 문제야. 직장인으로서 태도가 틀려먹었어"라거나 "남자들은 도대체 무슨 생각으로 직장생활을 하는지 모르겠어"라는 식으로 틀렸다고 단정짓는 데서 비롯된다. 이때 필요한 것이 바로 다름을 인정하는 태도다. 남성과 여성은 분명히 다르지만, 남성에 비해 여성이 틀린 부분도 없고, 여성에 비해 남성이 틀린 부분도 없다. 그저 다를 뿐이다. 그렇게 다름을 인정할 때 우리의 조직문화는 더 풍요로워지고 활성화되며, 개인과 집단의 창의력이 더 활발히 샘솟을 수 있다.

어느 결혼식장에서 모 대학 총장을 역임하신 분의 주례사를 들었다.

"흔히 부부는 일심동체라고 해왔습니다. 마음도 하나, 몸도 하나가 되어야 잘 산다는 뜻이지요. 그러나 이제는 세상이 달라졌습니다. 서로 다른 환경에서 적게는 이십 몇 년에서 많게는 사십여 년간 따로 살아온 존재들이 부부라는 이유만으로 같은 생각을 하고 같은 공간에만 머물러야 한다는 건 아무리 서로 사랑하는 사이라 하더라도 곤혹스러울 수밖에 없습니다.

그럴 때 필요한 것이 서로 다르다는 것에 대한 '그대로 바라봐주기'입니다. 서로 다른 부분을 인정하고 그를 고치거나 내 뜻에 맞춰 억지로 바꾸려 하지 말고 우선 그대로 바라봐주는 것, 그로부터 모든 것이 시작됩니다."

미국에서 민권법이 제정1964년되고 투표권법이 통과1965년되기 전만 해도 흑인들은 어딘가 잘못 만들어진틀린 인간으로 취급되었다. 캐스린 스위처가 여성 최초로 보스턴마라톤에 출전1967년할 때까지만 하더라도 여성 마라토너는 남자 마라토너에게 같이 뛸 수 없는 자격 미달의 존재였다. 김복선 대위가 한국 여성 처음으로 헬기를 조종1981년하기 전에는 여성이 헬기를 모는 것을 상상하기 어려웠다. 여성이 모는 헬기는 믿지 못할 기피 대상이었다. 이처럼 다름을 틀림으로 규정하여 멀리하거나 없애려고 했던 역사의 예는 일일이 열거할 수 없을 정도다.

그동안 틀렸다고 손가락질해왔던 다름을 인정하고 소중한 파트너로 받아들여야 한다. 그것이 우리 사회가 더 건강해지고 미래의 가능성을 열어가는 길이다. 어쩌면 저성장의 늪에 빠져 있는 우리 경제의 양적 성장과 질적 업그레이드를 달성할 수 있는 마지막 기회일지도 모른다.

PEOPLE

팀장은 더 이상 모임을 갖지 않았다.
회식은 점심으로 대체했고, 간혹
여직원들이 좋아할 만한 식당에서 가진
특별 식사도 없앴다.
그 스스로 '펜스'를 친 것이다.

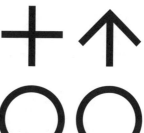

여자들은
의전에
약하다?

interview

♀

자리 배치에 집착하는 남자들을 보면 웃기지도 않아요. 예전 보스들 중에 서열대로 자리 배치 안 했다고 보고도 안 받고 회의실을 박차고 나가버린 사람도 있었죠. 도대체 일하자고 출근하는 사람들인지, 대접받자고 출근하는 사람들인지….

이민경(가명, 30세 여), M엔터프라이즈 신사업제휴팀 과장

♂

남자들이 여자들보다 서열에 더 집착한다는 건 동의할 수 없어요. 가만히 살펴보면 남자 팀장, 임원들 중에 여직원들에게 함부로 반말하는 사람은 드문 반면에, 여자 리더들은 백이면 백 모두 직원들에게 반말을 찍찍 하죠. 여자들도 위로 올라갈수록 남자 못지않게 서열에 집착하는 것 같아요.

김욱환(가명, 40세 남), L화학 기초소재연구소 책임

"여자는 의전에 약하다", "여자는 조직 내 서열을 파악하고 그에 맞게 행동하는 데 둔감하다."

남성들, 특히 나이 많은 상급자들로부터 종종 듣는 말이다. 그런데 실제로 그럴까?

능력의 차이는 없지만 인식의 차이는 있다

호텔에 가보면 여성 리셉셔니스트receptionist들을 쉽게 볼 수 있다. 각종 국제회의나 행사에서 진행과 의전을 총괄하는 기획자들도 여성인 경우가 적지 않다. 여자가 의전에 어둡고 서열에 둔하다는 남성들의 말은 실상과 다르다. 백번 양보해서 이 여성들은 매우 이례적인 경우라고 하거나, 대부분 여군 출신이라거나, 원래는 의전 개념이 없었는데 군대를 다녀온 선배 남성들에게 잘 배웠기 때문이라고 치자. 그렇다면 군대 경험도 없고 남자들이 없는 부서에서 일해왔음에도 의전과 서열, 절차에 대해 해박한 우리 주변의 수많은 여성 직장인들은 어떻게 설명해야 할까?

이에 대해 특급 호텔인 S호텔의 컨시어지concierge 서비스를 총괄하는 이정인가명, 43세 여 매니저는 자신이 의전에 대해 잘 알고 사회 조직의 위계에 밝게 된 것은 그저 단순한 계기로 학습한 결과에 지나지 않는다고 설명한다.

"ROTC교육을 받고 장교로 군생활을 마치고 온 남자 신입사원들 중에도 어리버리한 경우가 많고, 외동딸로 자라 해외유학을 마치고 갓 귀국한 여자 신입사원들 중에도 몇 번 가르쳐주면 의전 잘하고, 조직의 위계질서도 훤하게 꿰뚫는 경우가 많아요. 전 남녀 간의 차이는 크게 없다고 봐요."

의전이나 조직의 위계질서 등에 대한 이해도와 수행 능력 등에서 남녀 사이에 별 차이가 없다는 것이다. 그런데 그 후의 말이 반전이었다.

"다만 이런 건 있어요. 비슷한 수준의 남성 호텔리어와 여성 호텔리어를 비교해보면 의전, 서열 등의 중요성에 대한 인식은 확실히 남성 쪽이 더 나은 것 같아요. 뭐랄까, 실제 의전 업무 능력에서는 성별 간 큰 차이가 없지만, 그것을 의식하고 중요하게 생각하는 정도는 확실히 남성이 여성보다 앞서 있죠."

실제 수행 능력에서는 성별의 차이가 없지만, 그것을 중요하게 인식하는 정도는 차이가 있다는 말이다. 내가 인터뷰한 남녀 직장인들로부터도 비슷한 이야기를 들었다.

도대체 왜 이런 현상이 나타나는 것일까?

줄 서는 남자들, 손 잡는 여자들

10여 년 전, 영국의 유니버시티칼리지런던의 부설연구소에서 영유아들을 위한 교보재 제작과 관련한 연구 프로젝트의 일환으로 실험을 실시했다. 만 2세에서 6세 사이의 아이 수십 명에게 곰 인형을 쥐어준 것이다.

털실로 만든 곰 인형을 받은 아이들은 몇 가지 공통된 반응을 보였는데 그중에서도 가장 두드러진 반응은 '집어던지기'와 '끌어안기'

였다. 흥미로웠던 점은 집어던지기를 한 아이들의 80% 이상은 남자였고, 끌어안기를 한 아이들의 90% 이상은 여자였다는 것이다.

더 재미있는 것은 그다음의 관찰 결과였다. 남자 아이들은 곰 인형을 집어던져서 얼마나 멀리 나갔느냐를 가지고 다른 아이들과 시합을 했고, 여자 아이들은 곰 인형을 꼭 안은 상태에서 서로 대화를 시작했다. 마치 아이를 안고 골목길이나 카페 등에서 대화를 나누는 엄마들처럼.

연구소는 이 실험으로부터 남자 아이들은 객체를 활용해 각자의 신체 능력을 비교점으로 삼아 집단 내 서열을 정하는 것에 관심을 보이며, 여자 아이들은 객체와의 친밀도를 바탕으로 공감대를 형성하는 것에 관심을 보인다는 가설을 추론할 수 있다는 결론을 내렸다.

물론 이 결과만 가지고 남자 아이와 여자 아이의 행동과 심리의 차이를 설명하는 것은 무리가 있다. 그 연령대의 아이들이 가장 많이 접하는 엄마와 아빠의 행동을 단순히 흉내 낸 것으로 볼 수도 있다. 하지만 직장에서 남자 직원과 여자 직원이 보이는 행동과 심리의 차이에 대해 이해할 수 있는 하나의 툴tool로 활용할 수는 있을 것 같다.

비슷한 시기, 일본의 대표적 사범대학 중 한 곳인 도쿄가쿠게이대에서도 비슷한 실험을 진행했다. 부속 유치원 2곳과 소학교 4곳에 재학 중인 어린이들을 대상으로 어떤 과제가 주어졌을 때 집단을 이루는 모습과 그 집단 내에서 자신의 존재를 인식하는 모습에서 여자 어린이와 남자 어린이 사이에 차이점이 있는지를 관찰하는 실험이었다. 그 결과, 전체적으로 남녀 어린이들 사이에서 큰 차이점이 발견되었다.

　모이라고 했을 때 남자 어린이들은 앞에서 뒤로 오伍를 맞춰 종대로 선 다음 그 안에서 자신이 몇 번째인지를 확인하기 시작했다. 그뿐만이 아니었다. 다른 대형을 이루게 할 때도 그 안에서 자신이 몇 번째인지를 끊임없이 확인하고 변동 사항을 주시했다. 손을 맞잡는다든지 하는 신체적 접촉은 거의 없었고, 최대한 신속하게 서열을 매기는 행동을 보였다. 그 기준은 다양했다. 눈에 띄는 신체적 특성(키나 몸무게)으로 서열을 매기기도 했고, 서로 알고 있는 싸움 실력을 기준으로 서열을 매기기도 했다. 한 소학교 3학년 반에서는 야구 실력으로 서열을 매기는 경우도 있었고, 유치원 2학년 반에서는 특정 장난감 시리즈를 몇 개나 갖고 있는지로 서열을 정하기도 했다. 그러는 동안 자신에게 '부당한 서열'이 부여되었거나 자신의 서열에 비해 합당하지 못한 대우를 받고 있다는 것을 알게 되면 참지 못하고 항의하거나 반발하는 모습을 보였다.

　여자 어린이들은 달랐다. 모이라고 하자 자연스럽게 좌우로 서로의 손을 맞잡았다. 종대 대형을 이루더라도 남자 아이들처럼 분명한 구분을 두지 않았고, 그 상태에서 모두가 손을 잡고 있었다. 다른 형태의 집단 안에서도 자신의 서열이 어떻게 되는지에는 큰 관심을 보이지 않았다. 대신 센터가 누구인지, 즉 집단의 중심에 누가 있고 누가 가장 많은 대화에 참여하는지를 주목했다.

F팀과 M팀의 승패를 가른 결정적 차이

흔히들 말하기를, 직장에서 여자들은 말을 놓을 상대를 찾아 나서고, 남자들은 말을 높일 상대를 찾아 나선다고 한다. 여자들은 친구처럼 편하게 말을 놓을 상대를 찾는 반면, 남자들은 형님, 선배처럼 말을 높일 상대, 즉 나를 이끌어주고 밀어줄 상대를 찾는다는 말이다. 다시 말해서 여자들은 친하게 지내며 더 깊은 관계를 만들어가는 것을 선호하는 반면, 남자들은 윗사람의 뒤를 따라 점차 앞줄로 이동해가는(서열을 올려가는) 동시에 자신을 형님, 선배라고 부르며 따를(자신의 서열을 더 위로 또는 앞으로 보내줄) 후배들을 만들어내고 싶어 한다는 것이다. 앞서 어린이들의 집단 형성 모습을 관찰한 결과와 크게 다르지 않다(물론 모든 남녀가 그런 특성을 보이는 것은 아니며, 최근의 연구 결과를 보면 점점 남녀 간의 차이가 줄어드는 경향이 나타나고 있다).

몇 년 전, 미국 라스베이거스에서 열린 인사관리학회Society for Human Resource Management, SHRM에서 세계적 제약회사인 P사의 HR 임원인 잔데르 드 비어여성와 이야기를 나눌 기회가 있었는데, 그 역시 비슷한 이야기를 하는 것을 듣고 깜짝 놀랐다.

우리나라보다 여성 인력의 사회 진출이 활발하고 여성 임원이 많은 미국 사회인데도 불구하고 아직까지 회사에서 여성들이 남성들에 비해 더 많은 제약과 어려움을 겪는다고 말하면서 여성 임직원이 자신의 편이 되어줄 아군을 만들기 위해 남성 임직원보다 몇 배는 더 노력을 기울이고 있는 현실을 자신과 동료들의 예를 들어 설명해주기도 했다.

작업을 수행하는 방식이나 과정에서도 남녀는 분명한 차이를 나타낸다. 이를 잘 보여주는 방송 프로그램이 있었다.

1990년대 캐나다 국영방송인 CBC Canadian Broadcasting Corporation 의 후원으로 단편영화 형식의 다큐멘터리가 제작되었다. 사람들을 둘로 나누어 야영을 위한 캠핑장을 설치하는 임무를 부여하고 관찰한 내용이었다(편의상 한 팀을 M팀, 다른 팀을 F팀이라고 하자).

두 팀은 팀원들의 수와 나이, 체력이나 학력 수준 등이 거의 비슷했다. 유일하게 다른 점은 각 팀을 맡은 리더뿐이었고, 팀의 모든 운영은 전적으로 양 리더의 판단과 지시에 따르도록 했다.

종이 울리고 타이머가 돌아가기 시작하자 M팀의 리더는 재빠르게 팀원들을 불러모았다. 그러고는 나이와 경험 등에 따라 팀원들의 서열을 매겨 '조직화'하고 팀원 각자에게 임무를 부여했다. 심지어 멤버들의 복장 검사까지 했다. 그가 외쳤다.

"자! 다들 움직여!"

반면 F팀의 리더는 조금 굼떴다. 캠핑장을 설치해야 할 빈터를 물끄러미 바라보더니 팀원들 한 명 한 명과 직접 대화를 나누기 시작했다. M팀의 리더처럼 한자리에 불러모아 단숨에 명령을 하달하지 않고 팀원들 각각의 의견을 묻고 그들의 이야기를 들어주었다. 그러다 보니 시간은 흘러가고 작업은 전혀 진척이 없었다. 한참 시간이 흐른 뒤 그가 물었다.

"자, 이제 시작해도 될까요?"

초반에는 M팀의 작업 속도가 압도적이었다. 리더가 지시하면 서열상 윗자리를 차지한 몇몇이 실행을 주도했고, 나머지 팀원들은 군말 없이 그 지시를 따랐다. 이와 달리 F팀에서는 끊임없이 대화가 이어졌고, 중간중간 반론이 나오면 즉석에서 토론을 하기도 했다. 진척이 더딜 수밖에 없었다. 그런데 이상한 현상이 나타났다. 후반부로 갈수록 F팀의 작업 속도가 눈부시게 빨라지기 시작한 것이다. M팀 역시 작업 속도가 빨랐지만 중간중간 큰 위기를 겪었다. 리더가 잘못된 지시를 내려도 누구 하나 이의를 제기하지 않았기 때문이다. 팀원들도 리더의 잘못을 알고 있었지만 리더 스스로 잘못을 알아채고 인정하기 전에는 입을 다물고 가만히 있었다. 기껏 다 만들어놓은 텐트 배수로를 전혀 다른 방향으로 다시 파야 했고, 바비큐 연통 역시 몇 번을 부수고 새로 만들어야 했다. 결국 캠핑장 설치 미션은 F팀이 간발의 차이로 승리를 거두었다. 이미 눈치를 챘겠지만, M팀의 리더는 남성Male이었고 F팀의 리더는 여성Female이었다.

이 프로그램은 CBC에서 남녀 리더의 차이와 유효성을 실험해보기 위해 만든 것이었다. 이후 동일한 실험을 몇 차례 더 진행한 결과, 확실히 남성은 어떤 일을 분석하여 작업을 배분하고 조직을 서열에 따라 구조화하는 데 장점을 보였고, 여성은 일의 가치를 설명하고 각자에게 기대하는 바를 이해시키며 수평적인 분위기에서 기분 좋게 일할 수 있도록 납득시키는 데 장점을 보였다.

우리의 조직이 나아갈 방향은 분명하다. 남녀의 차이를 인정하고 서로의 장점을 배우고 활용하여 조직의 발전을 위해 노력하는 것이다. 남성은 친밀감을 형성하고 수평적인 관계를 중시하는 여성의 장점을 배워보면 어떨까? 여성은 타인의 능력을 객관적으로 평가하여 그 일에 가장 적합한 인물을 찾아내고 질서를 갖추어 조직을 효율적으로 운영해나가는 남성의 장점을 배워보면 어떨까? 또한 어떻게 하면 서로가 좀 더 긴밀하고 친근하게 소통하고 공유할 수 있는지에 관심을 가져보면 어떨까?

1817년 설립된 몬트리올은행은 1990년대 들어서 '캐나다에서 가장 오래된 은행이지만 가장 고루한 은행'이라 불릴 정도로 고전을 면치 못했다. 조직은 활력을 잃었고 성장은 정체되었다. 구성원들은 현실에 안주하고 내부정치 싸움에만 열을 올렸다. 그런 상황에서도 많은 이들이 문제를 해결하려고 백방으로 뛰었지만 해결의 기미는 보이지 않았다.

그 무렵 새로 부임한 CEO 앤서니 컴퍼는 색다른 지시를 내렸다. 여성의 채용이나 리더 선임을 가로막는 사내의 '보이지 않는 장벽'을 제거하기 위한 테스크포스팀TFT를 설치하도록 했다. 당시 여성 직원들은 고객접촉 빈도와 관계유지 성공률이 매우 높아 매출 기여도 면에서 남성 직원들보다 결코 뒤지지 않았는데도 불구하고 여성 리더의 수는 전체 리더의 10%가 되지 않았다. 컴퍼는 다양한 조치를 통해 이 비율을 30% 수준으로 끌어올리고 남성 직원들과 함께 신제품을 기획하거나 전략 지점을 개설하는 일을 맡겼다. 많은 이들이 이 같은 변화 노력에 대해 조직의 팀워크를 저해하고 괜한 불협화음만 조장할 것이라며 우려의 눈길로 바라보았다.

하지만 기우였다. 몬트리올은행은 이전에 보지 못한 역동적인 분위기로 바뀌었고, 공격적인 사업과 안정적인 경영의 두 마리 토끼를 모두 잡은 진정한 강자의 면모를 보여주었다. 결국 10년이 채 안되어 북미 5위권 이내의 초대형 금융기업으로 우뚝 서게 되었다.

우리가 사는 세상은 앞뒤로 줄을 서고 서열을 매기거나 좌우로 늘어서서 센터가 누군지를 따지기에는 너무나 복잡한 네트워크로 연결되어 있다. 최선의 대안은 남녀의 성별 특징과 장점을 하나로 버무려 뭉친 조직문화 만들기다.

여자상사는
불편하다?

♀

남자는 상급자, 여자는 하급자인 게 당연시되던 시대가 오래 지속되다 보니 그 반대인 경우가 생기면 남자들이 받아들이기 힘들어하는 것이 눈에 보여요. 얼마 전에도 회의석상에서 저희 팀에 합류한 지 얼마 안 된 차장 한 분이 그런 기색을 노골적으로 보이기에 "같이 일 못 하겠으면 다른 데로 가라!"며 고함을 쳤죠.

조영은(가명, 45세 여), L전자 OO마케팅팀 팀장

♂

예전에는 여직원 숫자가 워낙 적어서 그런 일이 없었지만, 15년 전만 해도 남자 고참에 여자 후배를 붙여놓으면 일이 잘 돌아갔는데, 여자 고참에 남자 후배를 붙여놓으면 이상하게도 삐걱대고 일이 잘 안 되곤 했어요. 근데 요즘엔 달라졌어요. 남자 후배들이 오히려 여자 고참 밑에서 일하는 걸 좋아해요.

함병철(가명, 50세 남), D전자 OO디자인팀 이사

한창 월드컵 열기가 뜨겁던 2002년 초여름. 아무리 잘 만든 TV 프로그램이라 해도 월드컵중계에 밀려나던 시기였다. 심지어 재방송에 하이라이트만 재탕 삼탕 하는데도 시청률 경쟁에서 판판이 깨지곤 했다. 그런데 이례적으로 30%가 넘는 시청률을 기록하며 하나의 신드롬으로까지 자리 잡았던 수목드라마가 있었다. 〈로망스〉라는 제목의 드라마는 '시청률의 여왕'이라는 인기 여배우 마츠시마 나나코가 주연을 맡아 일본의 민영방송인 TBS에서 방영되었던 드라마 〈마녀의 조건魔女の條件〉을 한국의 정서에 맞게 리메이크한 작품이었다.

넌 학생이고 난 선생이야!

김하늘, 김재원 등과 같은 풋풋한 청춘 스타들이 주연을 맡고 김해숙, 박원숙, 김용건 같은 중견 배우들이 탄탄한 연기력으로 그들을 뒷받침해준 이 드라마는 〈로망스〉라는 제목에 걸맞게 적절한 사랑 이야기를 중심축으로 하면서 한국 드라마 작가들이 가장 잘 다룰 줄 아는 집안끼리의 음모와 배신 그리고 그에 얽힌 비밀 등이 더해져 맛깔나게 버무려졌다. '간만에 보기 드문 수작이 탄생했다'는 호평을 받으며 인기몰이를 했음은 물론, 연말 시상식에서 온갖 상이란 상은 죄다 휩쓸었다.

드라마 속 등장인물이 입고 나온 옷에서부터 들고 다닌 가방은 물론, 촬영 장소, 배경음악까지 거의 모든 것이 인기를 끌었다. 그중에서도 가장 큰 인기를 끈 것은 극중의 대사 하나였다. 유행어 수준을 넘어서 일상어가 되었다고 할 정도였는데, 극중 교사였던 김하늘이 '학생 주제에' 교사인 자신에게 헛된(?) 기대를 품은 김재원에게 내뱉은 말이었다.

"넌 학생이고 난 선생이야!"

이 한마디에 청소년기에 연상의 여성, 특히 여선생님을 흠모한 경험이 있는 남성들은 물론 젊은 여성들까지도 열광했다(교권이 땅에 추락했다며 개탄을 금치 못하는 어른들도 있긴 했다).

여기서 한 가지 드는 의문이 있다. 만일 교사가 남성이었고, 그에게 사귀자고 덤벼드는 학생이 여성이었다면 어땠을까?

이와 관련한 흥미로운 사건이 있었다. 몇 해 전 9월, 〈국방일보〉가 부부 군인의 가정생활에 대한 기사를 보도하고, 그것을 받아 몇몇 주요 일간지에서 실었는데, 문제가 생겼다. 부부의 계급을 잘못 표기한 것이다. 사연인즉슨 이랬다.

남편은 사병으로 군복무를 마치고 복학을 했다가 부사관으로 다시 입대해 당시 계급이 중사였다. 동갑이었던 아내는 대학을 마치고 학사장교로 입대하여 소위로 임관했고 계급이 중위였다. 공교롭게도 남편과 아내의 이름 모두 여성들이 주로 쓰는 이름이었고, 저녁에 가판으로 발행된 신문들 중 상당수가 남편과 아내의 이름을 바꾸어 표기하고 말았다. 한 신문만 그랬다면 편집 기자의 단순한 실수라고 할 수도 있었겠지만 여러 신문이 같은 실수를 한 걸로 보아 한 개인의 실수라고만 할 수도 없었다. 이유는 능히 짐작할 수 있다. 같은 연령대에 비슷한 환경의 남녀라면 남자의 계급이 당연히 여자의 계급보다 높아야 한다는 사회적 통념이 작용한 것으로 볼 수 있다.

사실 이 같은 고정관념은 상당히 오래전부터 우리 안에 자리 잡아 지속적이고도 강력하게 그 영향력을 발휘해왔다.

현대판 '살리카법'

5세기 말, 현재의 프랑스, 독일, 이탈리아를 아우르는 지역에 세워진 프랑크왕국의 메로빙거왕조 법전에 '살리카법Lex Salica'이라는 게 있었다. 이 법의 주된 내용은 '딸은 토지를 상속받을 수 없다'는 것이다. 당시에 작위는 토지와 붙어다니는 것이었고 토지에는 농사 지을 농민과 땅을 지킬 병력이 딸려 있었으므로, 이 법에 따르면 여성은 평생 작위를 물려받을 수 없었다. 그런데 그때만 해도 이 법은 그다지 큰 힘을 발휘하지 못한 채 법전의 한 귀퉁이에 적힌 조문으로만 남아 있었다. 현실에 적용할 만한 일이 딱히 없었기 때문이다. 하지만 이후 '특별한 계기'가 생기면서 다시 세상에 등장하여 역사의 중요한 시점마다 전가의 보도처럼 휘둘러지며 숱한 사건들을 만들어내게 되었다.

그 특별한 계기들 중 하나는 1316년 겨울의 눈 내리는 어느 날이었다. 그해 봄, 카페왕조의 루이 10세가 불과 26세의 젊은 나이에 급사를 했다. 당시 왕비의 뱃속에는 아이가 있었고, 아이가 태어날 때까지 루이 10세의 동생인 필리프 왕자가 섭정을 하게 되었다. 그해 11월 태어난 아이는 장 1세라는 왕명을 붙여주기가 무섭게 불과 5일 만에 괴질로 숨을 거두었고, 그간 섭정을 해오던 필리프는 유일한 계승자인 왕자가 죽었으니 자신이 왕위를 계승해야 한다고 주장하며 필리프 5세로 즉위해버렸다. 하지만 상황은 그대로 끝나지 않았다. 루이 10세에게 잔느라는 딸이 있었던 것이다. 총명했던 잔느와 그 지지자들은 루이 10세의 직계 혈통이 왕권계승 순위에서 우선한다는 점을 내세웠다. 그러자 필리프는 수하들을 동원해 자신이 왕위를 합법적으로 물려받을 수 있는 근거를 찾아 나서기 시작했다. 그 수하들 중에 유명한 서지학자가 있었으니, 그가 왕실의 서고와 귀족들이 보유한 장서 등을 뒤져 메로빙거왕조 시절의 문헌들을 손에 넣었고 그 속에서 살리카법을 찾아냈다. 죽었다가 그렇게 다시 살아난 살리카법은 그 후로 유럽 대륙에서 여왕의 탄생을 막는 근거로 활용되었다.

발루아왕조의 초대 왕 필리프 6세 또한 이 법의 수혜자였다. 그는 왕권계승 순위가 한참 아래였음에도 불구하고 자신보다 위에 있던 여성들을 제치고 어부지리로 왕위에 올랐다. 이에 불만을 품은 이가 이사벨라 공주였고, 그의 아들이자 영국의 왕인 에드워드 3세는 이런저런 빌미를 붙여 전쟁을 선포했다. 1337년부터 1453년까지 무려 116년간 벌어진 백년전쟁은 그렇게 촉발되었다.

프랑스 대혁명 기간에 루이 16세가 사망했을 때 그의 동생인 루이 스타니슬라스 자비에가 왕위에 오른 것도 살리카법을 등에 업은 결과였다. 그는 혁명이 시작되자마자 목숨을 부지하기 위해 모든 것을 버리고 독일로 도망쳤던 인물로, 이 법을 무기로 자신의 조카이자 형의 장녀 마리 테레즈 샤를로트를 몰아내고 스스로 왕위를 차지해 루이 18세로 자처했다.

살리카법은 유럽의 역사를 남성 중심으로 몰고 간 몰이성적이고 비합리적인 법이었다. 그렇다면 현재의 우리는 어떨까? 살리카법이 존재하지 않는다고 장담할 수 있을까?

국내 굴지의 건축자재기업 K사에 근무하는 조경자가명, 45세 여 부장은 몇 차례나 지방의 영업소장으로 나가고 싶다는 의사를 밝혔지만 받아들여지지 않았다. 좋은 인사고과와 뛰어난 어학 실력, 각종 자격증 보유와 높은 교육 점수 등에도 불구하고 원하는 인사 발령이 이루어지지 않는 이유가 궁금했던 그는 인사부서와의 면담을 통해 저간의 사정을 알게 되었다. 영업소의 직원들이 "여자 영업소장을 모시고는 일할 수 없다"며 집단적 반발 움직임을 보인 탓이었다. 그들이 반대하는 이유는 '불편할 것 같다', '잔소리가 심할 것 같다'부터 시작해서 '거래처 사장님들이 우리를 우습게 본다', '같이 영업 다니기 어색하다'에 이르기까지 이유 같지 않은 이유들이었다.

K사에서만 있었던 일이 아니다. 모 일간지와 케이블TV가 공동으로 실시한 설문조사에서 '남녀 상사 중 어느 상사를 선호하는가?'라는 질문에 응답자의 64%가 '남자 상사'를 선택했다. 다른 기관에서 실시한 설문조사에서도 상당수의 기업에서 '여성 상사를 기피'하는 분위기가 드러났다.

삐딱한 남자들에 대처하는 방법

'여자를 상사로 인정하기 싫다'는 사람들을 어떻게 하면 좋을까? 결론부터 말하면 그대로 두면 된다. 방치하라는 뜻이 아니다. 특별한 현상으로 받아들이지 말고 냉정하고 건조하게 대응하라는 뜻이다.

그들이 '상사인 나를 여성이라고 우습게 안다' 해도 당황하거나 위축될 필요가 없다.

여성 리더를 싫어하고 우습게 아는 일들은 동서고금을 막론하고 언제나 있었다. 관련 설문조사도 때마다 이루어졌다. 그중에서 '왜 여성 상사가 싫은가?'라는 질문에 대한 답변을 보면 1위부터 3위까지는 거의 고정되어 있다. 그들(남성, 여성 공통)이 꼽는 첫 번째 이유는 '감정적'이거나 '감정 기복이 심함'이다. 두 번째는 '개인주의적', '자기중심적', 세 번째는 '실행력 부족' 또는 '추진력 부족'이다.

그런데 고정관념처럼 굳어진 이 3가지 인식에서 비롯되는 문제들에 대해 여성 리더가 혼자 해결하려고 들면 도리어 뜻하지 않은 '화(禍)'를 당할 수 있다. 고정관념의 아성은 그만큼 견고하고 치명적일 수 있기 때문이다. 개인적으로 해결하기보다는 HR부서나 감사부서 등 회사의 공식 라인을 통해 해결책을 모색하고 지원을 받는 것이 효과적이다. 선입관과 편견에 사로잡혀 변화된 조직생활에 대한 이해가 부족하거나 직위나 역할에 대한 인식이 뒤떨어져 범하는 잘못에 대해서는 경고를 하거나 처벌을 하면 된다.

더 나아가 여성 리더의 장점으로 많은 이들이 공통적으로 꼽는 부분을 더욱 부각시켜 단점으로 오해받는 부분을 상쇄시키는 방법을 택하는 것이 좋다. 직장인들에게 여성 리더가 남성 리더에 비해 큰 강점으로 보이는 부분은 '개별 직원에 대한 인간적 배려'다. 여성 특유의 포용력과 배려심, 공감 능력 등으로 직원 개개인의 사정과 처지를 이해하고 적절한 대응을 해준다는 것이다.

조경자 부장의 K사와 경쟁관계인 H사의 이혜숙가명, 43세 여 팀장은 새로 맡은 팀에서 입사 동기뻘 되는 고참 차장 두 사람이 대놓고 삐딱하게 나가는 통에 마음고생을 심하게 했다. 그러나 그는 냉철했다. 팀의 모든 일을 직접 처리하기보다 명확하게 선을 그어놓고 자신이 관리할 수 있는 영역과 그렇지 못한 영역을 분리해서 접근했다. 문제가 되는 고참 차장들에 대해서도 그들이 지켜야 할 원칙만 이야기해주고 더 이상의 간섭은 하지 않았다. 대신 다른 팀원들에게는 자신만의 스타일로 적극 지원했다. 또한 무조건 참석해야 하는 공식적이고 주기적인 전체회의를 없애고 특정 사안별로 관련된 사람들만 비정기적으로 모이는 작은 회의small meeting를 주도했다. 두 차장이 공개석상에서 팀장을 공격하거나 그들의 부정적 견해를 팀 전체에 공식화하여 전달할 창구를 차단한 것이다. 그리고 개인별 면담을 통해 인간적 이해와 배려를 해주는 한편, 그럴 때조차도 삐딱하게 나오는 두 차장의 행태에 대해서는 상세하게 기록하여 HR부서와 상의했다. 결국 연말 인사를 통해 두 차장은 다른 부서로 이동되었다. 그들이 이의를 제기했지만, 팀원들이 모두 이혜숙 팀장의 편을 들어줌으로써 일단락되었다.

현대판 '살리카법'은 반드시 사라져야 한다. 그러나 저절로 사라지진 않는다.

누나가
지켜줄게

interview

♀

학번, 군번, 사번 등등 남자들은 왜 그렇게 숫자에 예민한지 몰라요. 나이 한두 살 때문에 거품 무는 걸 보면 기가 차요. 게다가 '오빠' 소리 들으려고 애를 쓰는 걸 보면 한심하죠.

정미라(가명, 28세 여), C엔터테인먼트 경영관리팀 대리

♂

남자들은 처음 만나서도 알아서 상대 나이 파악하고, 자기 나이 오픈해서 서열 정하고, 그에 따라 상대를 어떻게 대해야 할지 자동으로 정리하니까 크게 트러블 생길 일이 없는데, 여자들은 그런 문화가 아니다 보니까…. 근데 요즘에는 남자들이 여자 동료들에게 나이를 묻거나 따지지 않는 것 같아요.

채수철(가명, 38세 남), P실업 직장문화혁신팀 파트장

2000년 어느 보험회사 광고.

　군가 풍의 음악이 흐르는 가운데 어딘가로 떠나는 젊은 여성이 탄 기차를 대학생으로 보이는 젊은 남성이 따라가며 외친다.

　"야! 김선희, 네가 어디에 있더라도 내가 널 지켜줄게!"

　마치 군대에 입소하는 남학생이 자신을 데려다주고 집으로 돌아가는 여성에게 기다려달라고 애원하는 듯한 이 장면은 같은 해 방영된 드라마 〈가을동화〉로 톱스타의 자리에 우뚝 선 배우 원빈을 CF계의 블루칩으로 만들어주었다.

　그런데 이 광고에는 뜻밖의 반전이 있었다. 원빈이 그토록 간절하게 지켜주겠다고 한 여자친구는 집이 아니라 훈련소로 향하고 있었고, 그가 탄 기차는 입영열차였으며, 군에 입대하는 것은 원빈이 아닌 김선희였던 것이다.

　이 광고를 접한 사람들은 큰 웃음을 터뜨렸다. 당연히 원빈이 입대하고 여자친구가 그를 배웅하러 왔겠거니 했는데 그게 아니었기 때문이다. 이 광고는 일반 대중의 고정관념을 절묘하게 뒤집어 큰 관심을 이끌어낸 수작이라는 평가를 받았다.

남자는 지시하고 여성은 따른다?

군에 입대하는 이와 배웅하는 이만큼이나 대중의 고정관념을 잘 보여주는 것이 사귀는 남녀의 나이 차다. 으레 여자보다 남자의 나이가 많다고 생각한다.

　1985년 미국 ABC에서 〈문라이팅 Moonlighting〉이라는 드라마를 방영했다. 고용한 회계사가 사고를 치고 도망가는 바람에 전 재산을 날릴 위기에 처한 인기 모델 메들린 헤이즈가 어쩌다가 소유하게 된 탐정사무소를 운영하며, 유능하지만 불성실한 사립탐정 데이비드 에디슨과 함께 벌이는 좌충우돌 에피소드를 담았다. 헤이즈 역의 시빌 셰퍼드와 에디슨 역의 브루스 윌리스가 펼치는 명연기와 더불어 탁월한 영상미, 위트 넘치는 대사, 놀라운 구성으로 큰 인기를 끈 드라마는 당초 계획보다 더 많은 66부작까지 제작되며 에미상, 골든글로브상 등을 휩쓸었다.

우리나라에서는 KBS2 TV를 통해 〈블루문 특급〉이라는 제목으로 방영되었고, 비디오로도 출시되었다. 문제는 비디오에 입힌 자막이었다. 무책임한 회계사의 투자로 떠맡게 된 탐정사무소였지만 엄연한 소유자였던 헤이즈의 대사에는 꼬박꼬박 존댓말 자막이 달렸고, 헤이즈에게 고용된 직원인 에디슨의 대사에는 반말 자막이 나왔다.

한마디로 오랜 고정관념이 빚은 참사라고 할 수 있다. 사람들은 남성과 여성이 함께 일을 하면 응당 남성이 여성보다 나이와 경험이 많으며, 남성이 주도하고 여성은 따르는 것이라고 생각한다. 따라서 남성이 반말로 여성에게 지시, 확인, 감독하고, 여성은 존댓말로 보고, 응답, 수긍하는 걸 당연하게 여긴다. 번역가도 그런 사람들 중 하나였다.

한국여성민우회가 국내 공중파 TV에서 방영된 외화 27편2006. 9. 9.~10. 29.의 자막을 분석한 결과, 80%가량이 남성 캐릭터에는 반말 또는 지시형 어미를, 여성 캐릭터에는 존대 또는 수동형 어미를 사용한 것으로 나타났다. 사회에 만연한 '오빠만 믿어. 오빠가 알아서 해줄게' 문화의 영향 탓이라고 볼 수밖에 없다.

호봉제가 낳은 이상한 풍경

많이 사라졌다고 하지만 아직도 호봉제를 실시하는 기업들이 적지 않다. 연봉제를 도입했다고 내세우는 기업들 중에서도 실상을 들여다보면 변형된 호봉제를 택하는 경우가 많다.

호봉제는 1910년대 말에서 1920년대 초 일본에서 만들어진 임금체계다. 메이지유신을 거치며 신흥공업국으로 부상하여 제국주의의 끝물을 타게 된 일본은 군수산업을 포함한 중화학공업을 빠른 시일 내에 발전시켜야 했고 숙련된 기술자들이 필요했다. 하지만 소규모 도제식 공방에서 일하거나 대대로 이어온 가업을 지키는 데 익숙했던 젊은이들에게 내 가게사업가 아닌 대기업에서 근무한다는 것은 메리트가 없었다. 그런 젊은이들을 붙잡기 위해 고안된 것이 호봉제였다.

해방 후 우리나라에서도 기업들이 속속 생겨나고 체계적인 고용제도가 필요해지면서 호봉제를 도입하게 되었다. 압축적 고도성장을 하면서 한 해에 두세 번 채용해도 필요한 사람들을 다 뽑을 수 없다 보니 연초에 뽑혀 일하는 직원들이 하반기 공채로 입사한 직원들과 비교해 불만을 가지지 않도록 하려고 1년에 2호봉씩 올라가게 만든 기업들도 있었다.

고도성장 시기인 1970년대부터 1990년대 중반까지 남자들이

기업에 입사하는 패턴은 대동소이했다. 치열한 눈치작전으로 대학에 진학해서는 신나게 놀며 캠퍼스의 낭만을 만끽하다가 2학년 마칠 무렵 영장을 받고 휴학한 뒤 입대했다. 3년 가까이 군복무를 하고 전역해서는 3학년으로 복학한 뒤 1, 2학년 때 망쳤던 학점들을 열심히 메우고 장학금을 타기도 하며 학교를 마치고 공채를 거쳐 기업에 들어갔다.

신입 남직원들은 대학을 마치고 갓 입사한 여직원들과 적게는 두 살에서 많게는 세 살 이상 차이가 났다. 입사 동기이지만 나이로 보나 학번으로 보나 엄연히 위였기에 사석에서는 선배 또는 오빠라고 부르는 웃지 못할 풍경이 연출되었다. 여기서부터 남직원과 여직원은 다르게 대우해줘야 한다는 관념이 자리 잡기 시작했다. 게다가 남직원들은 군복무기간을 인정받아 동기인 여직원들보다 한두 호봉씩 더 올려 받는 것이 일반적이었다. 호칭도 애매하고 호봉도 차이가 나는 이상한 동기관계가 되는 것이다. 이러한 문화가 이후에도 인사 평가나 보직 부여, 각종 진급 등에 지속적으로 영향을 미치면서 직장 내 양성불평등을 조장하는 폐해를 낳았다.

'누나'와 결혼하는 남자들

2015년 9월 6일 행정자치부가 발표한 주민등록 인구통계에 따르면, 우리나라 여성 인구는 2,571만 5,796명으로 남성보다 492명이 더 많았다. 정부가 주민등록 인구통계를 작성하기 시작한 1960년대 후반 이래 처음 있는 일이었다. 이후로 인구 성비의 여초女超 현상은 하나의 대세가 되었다. 1990년까지만 해도 남아 출생자 수가 여아 출생자 수보다 최대 16명까지 많은 비정상적 출생성비를 보였고(현재는 남아가 5명 정도 많은 수준. 2017년 기준), 고령화 현상이 심화되면서 성인, 특히 노년인구 중 남성이 빠르게 줄어든 반면에 여성은 더욱 늘어나면서 빚어진 현상이다.

또 하나 재미있는 통계 보고가 있다. 2014년 통계청이 발표한 〈2013년 혼인 이혼 통계〉에 따르면, 재혼을 제외한 결혼 중 여자가 연상이고 남자가 연하인 경우가 4만 1,300여 건으로 관련 조사가 실시된 1981년 이후 최고치를 기록했다(우리 가족 중에도 있다. 형수님이 형님보다 한 살 위이고 학번도 한 학번 위인 동아리 선배다). 남자가 연상, 여자가 연하인 경우가 17만 2,800건으로 가장 많았고, 동갑내기 결혼은 4만 1,400건으로 그 뒤를 이었다.

남자가 연하인 결혼 비율이 점증하는 가운데 가정의 풍경도 많이 달라지고 있다. 가정에서 남편이 아내에게 반말로 하대하고, 아내가 높임말로 존대하는 모습이 줄어들고 있다.

기적의 승리를 이끈 후배의 발칙함

2002년 한일월드컵을 앞두고 우리나라 축구대표팀 감독으로 부임한 거스 히딩크 감독이 가장 어려웠다고 토로한 것이 있다. 바로 선수들이 사용하는 지나친 '경칭'이었다. 서양에서는 아무리 나이 차가 많이 나도 선수들이 훈련이나 경기 중에 "마이클! 패스!"라고 외치는데, 우리는 "길동이 형님, 여기요(여기로 패스해주세요)!"라고 외치니 템포도 늦고 창의적인 플레이를 펼치지 못하게 된다는 것이 히딩크 감독의 진단이었다. 결국 히딩크 감독의 강력한 주문과 노력 끝에 막내뻘인 이천수1981년생가 최고참급인 홍명보1969년생에게 "명보! 패스!"라고 외칠 수 있게 되었고, 꼭 그 때문만은 아니겠지만, 우리 대표팀은 전에 보지 못한 활발한 경기력을 선보이며 월드컵 4강의 신화를 이루어냈다.

2018년 러시아월드컵에서도 이와 관련한 재미있는 에피소드가 있었다. 조별예선 두 경기에서 졸전을 벌인 끝에 패배한 우리 대표팀은 어떻게든 실추된 명예를 회복하고 경기를 마쳐야 하는 절박한 상황이었다. 그러나 마지막 상대는 영원한 우승 후보이자 세계 랭킹 1위인 독일. 명예 회복은커녕 3전 전패가 유력해 보였다. 승리를 점치는 사람은 거의 없었다. 그런데 기적과도 같은 승리를 거두었다. 그것도 2대 0의 완승이었다.

승리의 문을 연 첫 골의 주인공은 1998년생 이승우 선수. 그가 골을 넣기 직전의 행동이 두고두고 화제가 되었다. 대표팀의 선배이고 빅리그에서도 날리는 대스타이자 나이도 여섯 살이나 많은 형인 손흥민 선수를 제치고 슛을 날렸기 때문이다. 상대팀의 골문 앞까지 치고 들어간 손흥민이 슛을 쏘려고 할 때 이승우가 "나와! 나와!"라고 외치며 손흥민의 공을 빼앗아 그대로 슛을 때렸고 이것이 선취골로 이어졌다. 자신에게 더 좋은 기회라고 해도 선배의 공을 가로채는 행동은 과거의 대표팀 같았으면 상상도 못했을 일이고 골을 넣었다 해도 비난을 들으며 팀에서 매장을 당했을 것이다. 하지만 분위기가 바뀌어 오히려 '재기가 넘친다', '발랄하다'는 평을 들으며 모두의 축하를 받았다.

우리의 직장문화도 달라져야 한다. 그 시작은 나이에 연연하는 행태로부터 탈피하는 것이다. 연장자에게 경칭을 쓰지 말고 같은 직급끼리는 말을 놓자는 이야기가 아니다. 나이를 지나치게 의식하여 오빠와 여동생으로 관계를 설정하고 남자 직원에게는 리더십과 책임감, 주도성을 요구하고, 여자 직원에게는 수용과 수동적 태도, 애교, 의존을 당연시하는 오랜 관념을 버리자는 말이다.

진짜로 '선희' 누나가 입대하며 '원빈'에게 "내가 지켜줄게"라고 외칠 시대가 성큼 다가오고 있다.

남녀 사이의
거리는
어느 정도가
적당할까?

interview

♀

제가 직장에서 들었던 제일 X같은 소리가 "딸 같아서 하는 말인데…"란 말이에요. 고작 중3짜리 딸을 둔, 가정에 별로 충실하지도 않은 것 같은 본부장이 그러더라고요. "직장은 놀이터가 아니다", "인간관계도 중요하지만 업무 능력이 제일 중요하다"는 말을 입에 달고 사는 사람이 그렇게 말하니 웃기지도 않았죠.

김지나(가명, 31세 여), 전 S금융지주 OO제품기획팀 대리

♂

많이 좋아졌다고 하지만 아직도 남자들은, 특히 연배가 있는 고위직 남자들일수록 여직원을 대하는 방식이 서툰 것 같아요. 불가근불가원不可近不可遠의 미덕을 모른다고 할까요. 어떤 분은 너무 살갑게 대해서 성희롱의 위험 수준에 간당간당해 보이고, 또 어떤 분은 문제의 소지를 없애려고 그러는지 아예 여직원들을 배제하려고 해요.

박주형(가명, 37세 남), L생명과학 홍보팀 과장

모 국립대학교 화학과 실험실에서 기기 담당 1년 계약직 조교로 근무하던 W씨는 S교수로부터 불필요한 신체 접촉을 당하거나 불쾌한 성적 표현을 자주 들었다. 이래선 안 되겠다고 판단한 그는 S교수에게 "그러지 마세요"라고 점잖게 요구했다. 학문적으로 존경하는 교수이고 자신의 밥줄을 쥐고 있는 '갑'이었기에 일말의 두려움이 있었지만, 부탁조로 말했으므로 큰 문제는 생기지 않을 거라며 마음을 놓고 있었다.

그런데 아니었다. 얼마 안 가 그는 자신의 생각이 얼마나 순진했는지를 알게 되었다. S교수가 전에 약속했던 조교 계약 연장을 일방적으로 파기해버린 것이다. 공식 루트를 통해 몇 차례 이의를 제기했지만 소용이 없었다. 졸지에 백수 신세가 된 그는 그제야 전임자들이 왜 일찍 그만두었는지, 왜 그에게 조심하라고 말했는지 그 이유를 깨달았다.

7년의 성희롱 재판

한참을 고민하던 끝에 그는 학교에 정식으로 문제를 제기하기로 했다. 자신의 억울한 사연을 담은 대자보를 교내에 붙였고, 총학생회에도 도움을 구했다. 총학생회는 진상조사위원회를 꾸려 조사에 나서는 한편 S교수와 학교의 적절한 대응을 촉구했다. 효과는 없었다. 학교는 침묵했고, S교수는 허위사실 유포로 자신의 명예를 훼손했다며 오히려 W씨를 고소했다. 학계에서 영향력이 막강한 교수의 반발에 W씨는 더욱 어려운 처지가 되었다.

이때 관련 소식을 접한 여성·시민 단체들과 다른 대학 학생회가 'OO대 조교 성희롱 사건 공동대책위원회'를 구성하여 그를 돕기로 하면서 상황이 반전되었다. W씨는 S교수와 대학교 총장, 그리고 국립대 설치와 운영에 대한 지휘감독 책임이 있는 정부를 상대로 손해배상청구 소송을 제기했다. 여자로서의 삶과 직장인으로서의 삶 모두를 잃을 수 있다는 두려움을 무릅쓰고 시작한 일생일대의 결정이었다.

S교수가 W씨에게 보인 행태를 증언해줄 사람들도 있고 유사한 피해를 당한 이도 많았기에 재판은 금세 끝날 것 같았다. 하지만 오산이었다. 재판은 '국내 최초의 성희롱 재판'이라는 타이틀을 단 이후로 무려 7년이라는 시간을 끌며 W씨의 삶을 철저하게 옥죄었다.

"함께 일하는 사람에 대한 친근함의 표시였다"는 피고의 주장에 은근히 많은 사람이 동조했고, 재판부 역시 원고에게 피고의 주장을 반박하는 증거를 가져오라고 요구했다. 사실 은밀하게 이루어지는 성희롱의 경우 법적 증거 요건을 갖추기가 쉽지 않다. 여론 역시 W씨의 편이 아니었다. "짤리니까 괜히 문제를 일으키는 것 아니냐?", "평소 처신에 문제가 있었던 것 아니냐?"는 등의 비난과 루머가 나돌았다.

힘겨운 싸움 끝에 선고가 내려졌고 바라던 대로 재판부는 W씨의 손을 들어주었다. 그것은 바뀐 시대상을 반영한 결과이기도 했다. 그러나 S교수가 즉각 항소하면서 다시 재판이 시작되었고, 1995년 7월 항소심은 S교수의 승소 판결을 내렸다. 곧바로 여성계와 대학 학생회가 들고 일어났고, 법원 주변에서는 가두시위가 이어졌다. 학교에서는 학생들이 단체로 S교수의 수업을 거부하기도 했다. 결국 1999년 11월 대법원은 S교수가 W씨에게 500만 원을 배상하라는 최종 판결을 내렸다. 7년의 밤을 견딘 끝에 거둔 의미 있는 승리였다.

회사는 강간의 왕국?

W씨의 재판이 끝난 지 오랜 시간이 지났지만 여전히 우리 주변에는 수많은 W씨가 존재하는 것이 현실이다. 한국성폭력상담소가 2017년 조사와 면담을 통해 밝혀낸 성폭력 사건 1,260건을 분석한 결과, '직장 내 동료 또는 상사'가 가해자인 경우가 375건29.8%으로 전체 조사건수 중 가장 많은 비율을 차지했다. 2위를 차지한 '같은 학교 사람'보다 3배나 많은 수치였다.

　봉준호 감독이 연출하고 송강호 씨가 주연한 〈살인의 추억〉이라는 영화가 있다. 연쇄살인이 벌어진 지역에 부임한 서울 형사 서태윤김상경 분이 한 여성에게 길을 물으려다 성추행범으로 오해받는 일이 벌어지고 때마침 차를 타고 가던 시골 형사 박두만송강호 분이 날쌔게 몸을 날려 서울 형사를 제압하는 장면이 나온다. 이때 송강호가 내뱉은 대사가 "여기가 강간의 왕국이야!"였는데, 한국 영화사상 가장 인상적인 대사로 남게 되었다. 조심스럽고 부끄러운 이야기이지만, 전체 성폭력(단순 성희롱이 아니다) 가운데 4분의 1 이상이 직장에서 일어난다고 하는데, '회사가 무슨 강간의 왕국이야!'라고 외쳐도 할 말이 없을 것 같다.

가해자와의 관계	인원	비율
직장 내 동료 또는 상사	375명	29.8%
같은 학교	121명	9.6%
친밀한 관계(애인, 배우자)	116명	9.2%
친족(먼 친척)	113명	9.0%
모르는 사람	103명	8.2%
주변인의 지인	73명	5.8%
서비스 제공자	66명	5.2%
동네 이웃	60명	4.8%
신원 미상의 사람	59명	4.7%
기타 관계	45명	3.6%
유치원 또는 학원	40명	3.2%
인터넷	40명	3.2%
친척 또는 인척	30명	2.4%
소개로 만난 사람	19명	1.5%

* 출처 : 2017년 한국성폭력상담소 상담 통계

　　기업들도 나름의 노력은 하고 있다. 1년에 한 차례 실시하게 되어 있는 성희롱교육에 더해 수시로 관련 교육을 실시하고, 성 관련 문제를 일으키는 임직원은 보다 엄하게 처벌하려고 한다. 또한 성추행을 당하고도 부끄러워서, 불이익을 받을까 봐 쉬쉬했던 여성 직원들도 적극 나서는 모습을 보여주고 있다.

남자들, 펜스를 치다

여성들이 들고 일어나고 성범죄에 대한 처벌이 강화되자 처음엔 납작 엎드려 사태의 추이를 지켜보던 남자들이 절묘한(?) 반격의 무기를 들고 나왔다. 이름하여 '펜스룰Pence Rule'. 미국의 부통령 마이크 펜스Mike Pence가 2002년 하원의원 시절에 한 잡지와의 인터뷰에서 자신만의 룰rule을 밝히면서 널리 알려지게 된 단어다. 느낌은 거창해 보이지만 의미는 단순하다. '아내가 없는 자리에서 다른 여자와 술자리를 갖지 않는다'는 것이다. 자신도 모르게 불필요한 오해를 사거나 의도치 않은 구설에 오를 가능성을 미연에 차단해버리겠다는 뜻이다.

세상의 남자들이 이에 열광했다. 여성을 대할 때 어떤 태도를 취해야 할지 혼란을 느끼던 남자들이 미국의 한 정치인이 밝힌 단순한 원칙을 기막힌 반전의 카드로 흔들어대기 시작했다. "너희들이 우리를 건드렸어? 좋아, 그렇다면 본때를 보여주지!"라는 식으로 펜스룰을 떠들어댔고 룰을 지키고 있는 자신을 대견스러워했다.

웃지 못할 일도 벌어졌다. 2018년 초, 한국은 '미투Me Too, 나도 당했다' 열풍에 휩싸였다. 사회, 정치, 문화계의 권력자, 지인, 동료 선후배 등으로부터 원치 않는 성적 희롱과 접촉, 심지어 폭행까지 당했다는 피해자들의 제보와 증언이 폭발적으로 터져나왔다. 시작은 여성인 S검사가 한 TV방송의 뉴스에 나와 과거에 검찰과 법무부의 실세로 무소불위의 권력을 휘둘렀던 상관 A씨에게 성추행을 당했다고 증언하면서부터였다. 지난 정부에서 A씨의 영향력을 익히 알고 있었던 국민들은 분노로 들끓었고, 검찰에는 사건을 제대로 조사

해서 일벌백계하라는 요청이 빗발쳤다.

며칠 뒤, 황당한 기사들이 신문에 뜨기 시작했다. 우리나라에서 최고 발행부수와 최대 영향력을 자랑하는 주요 일간지들에서.

"불 꺼진 서초동, 회식하자고 말도 못 꺼내죠", "오해받을 만한 자리는 아예 만들지도, 참석하지도 않아요", "조직과 팀워크가 중요한 대규모 수사, 어려움 겪을 수도"

여기서 한술 더 떠 "인원이 아무리 모자라도 신임 검사로 여성 검사는 받지 않을 것이다"라는 익명의 검찰 간부 인터뷰까지 실은 신문도 있었다. 말 그대로 미국의 펜스룰이 한국 법조계와 언론계의 보호장벽이 되는 순간이었다.

이때부터 보다 적극적으로 펜스fence를 치고 스스로 고립되어버리는 사람들이 여기저기서 나타났다.

윤리경영으로 유명한 L그룹의 계열사에서 일하는 서영호가명, 48세 남 팀장은 영업팀에서 기획팀으로 이동하며 자신의 장기를 십분 발휘해 큰 성공을 거두었다. 직원들 대부분이 경영학이나 회계학 전공자에 꼼꼼하고 논리적인 성향이어서 딱딱한 분위기였던 팀을 1년 만에 사내에서 가장 활기차고 의욕 넘치는 조직으로 탈바꿈시켰다. 스크린 골프와 야구를 함께 즐기고, 월 마감 때마다 주변의 맛집을 탐방하고, 비정기적으로 호프데이hof day를 가짐으로써 스킨십을 넓혀나간 결과였다. 그런 서 팀장을 윤리경영 이행수준 진단 등을 담당하는 부서장이 불렀다. 부서장은 회식이 너무 잦고 남녀 직원들 간 부적절한 분위기가 조성될 우려가 있다는 제보가 들어왔다며 사전조사 결과 징계할 정도는 아닌 것 같아 구두경고로 그치니 조심하라고 충고했다.

　그날로 끝이었다. 서 팀장은 더 이상 모임을 갖지 않았다. 회식은 점심으로 대체했고, 간혹 여직원들만 데리고 좋아할 만한 곳에서 가졌던 회식도 없앴다. 그 스스로 '펜스'를 친 것이다.

펜스룰? 팬시룰!

천리장성고려, 만리장성중국과 마지노선프랑스을 구축하고도 자국을 지키지 못했던 역사를 굳이 돌아보지 않더라도 우리는 알고 있다. '순리를 거스르는 장벽은 아무리 높고 튼튼하게 쌓아도 고립을 제외하고는 얻을 수 있는 것이 아무것도 없다'는 사실을 말이다. 여성과의 사이에 펜스를 치는 것 역시 순리를 거스르는 유치하고 소아병적 자기부정에 다름 아니다.

　인간은 어울려 사는 존재다. 어울려 사는 가운데 갈등도 있고 다툼도 일어나지만, 그런 '비용'을 들여 다양성이라는 귀한 가치를 얻고, 이를 토대로 역동성과 창의가 생겨나 사회를 더욱더 발전시켜나가는 것이다. 그런데 비용을 치르는 것이 두려워 아예 펜스를 치고 남녀가 함께 어울려 살아갈 기회를 포기한다면 그것만큼 멍청하고 한심한 일이 또 어디 있겠는가.

　펜스룰 대신 팬시룰FANCY Rule을 정해 지켜보면 어떨까?

　팬시룰도 펜스룰처럼 신조어다. 이 말은 여성 인재들과 함께 놀라운 성과를 이루어내고 양성평등을 모범적으로 실천하는 조직들을 관찰하고 분석한 결과, 그들 사이에서 공통적으로 발견할 수 있는 장점을 모아 만든 것이다. 여기서 FANCY는 '상상', '환상', '욕망'을 뜻하는 fancy가 아니라 남녀 직원이 함께 일하고 성장하는 과정에서 서로 지켜야 할 것들을 가리킨다.

F는 'Finding Common Point 공통점을 찾자'다. 펜스룰을 만든 근본 생각은 '남과 여는 다르다. 고로 다르게 대해야 한다'는 것이다. 물론 남과 여는 다르다. 하지만 그것은 생물학적 특성의 다름이어야지 동일한 목표 아래 힘을 합쳐야 하는 직장인의 차별이어서는 곤란하다. 직장에서는 남녀가 따로 있을 수 없다. 목표 달성을 위해서는 남녀를 떠나 구성원들이 모두 공감할 수 있는 부분을 찾아 적극 공유하는 노력이 중요하다. 일례로 직장인 동호회 활성화를 들 수 있다.

A는 'Asking First 먼저 묻자'이고, N은 'Not Guess 짐작하지 말자'다. 이 둘을 같이 묶어 이야기하는 이유는 남녀 직원들 간의 문제가 상대에게 묻지 않은 채 지레짐작으로 판단하고 행동한 데서 비롯되는 경우가 많기 때문이다. 사람은 말하지 않으면 모른다. 자기 기준으로 예단하여 상대의 생각을 넘겨짚지 말고 먼저 묻고 확인하여 피할 것은 피하고 도울 것은 돕는 것이 상책이다.

C는 'Check in Advance 사전에 점검하자'다. 회사의 규정이나 행사에서 성차별을 야기할 만한 요소가 없는지, 양성평등에 제약을 줄수 있는 소지는 없는지 미리 살펴 사전에 제거하는 것이 좋다. 상당한 디테일을 요하는 일이다. 예를 들면 회식 장소를 잡을 때에도 치마를 입은 여성들에게 불편한 요소는 없을까를 고려하고, 회의실을 마련할 때에도 여성들을 위한 핸드백 걸이대나 흡연자들을 위한 공간의 유무를 살펴 준비하는 것이다.

마지막으로 Y는 'Yes is not Yes 예를 오해하지 말자'이다. '예Yes'는 진짜 긍정이 아닐 수도 있다. 여성의 Yes는 단지 상대를 난처하게 만들지 않으려는 차원의 수용이거나 적극적인 거부가 아닌 정도의 의미일 수 있다. 남성의 Yes 역시 상대의 뜻을 완벽하게 이해하여 받아들이겠다는 뜻이 아닐 수 있다. 따라서 '예'라고 말하는 사람의 진정한 뜻이 무엇인지를 살펴 적절하게 처신하려는 노력이 필요하다.

그런 면에서 "OO 씨, 이건 이렇게 하려는데, 좋아, 싫어?"라는 식의 질문은 좋지 않다. 이 같은 OX형, 단답선택형의 '닫힌 질문'은 상대에게 마음에 들지 않는 Yes를 택하게 만든다. 상대가 진솔하게 자신의 생각을 말할 수 있도록 '열린 질문'을 하거나 역제안할 수 있도록 자유로운 분위기를 조성해주는 것이 효과적이다.

현재의 직장문화에 비추어 여기서 말하는 팬시룰은 비현실적인 룰처럼 보일 수도 있다. 하지만 우리가 서로 조금 더 노력한다면 현실을 바꾸어 실제로 환상적인 직장문화로 인도할 룰로 자리 잡을 수 있을 것이다.

'여자의 적'은
여자?

♀

남자 직원들은 여자 직원들보다 더 자주, 세게 싸우면서도 '남자의 적은 남자'라는 말을 듣지 않는데, 여자 직원들은 어쩌다 다투기만 해도 여지 없이 '여자의 적은 여자'라는 말을 들어요. 재미있는 것은 남자들은 박 터지게 싸우고도 술 한잔하고 나면 바로 화해했다고 해요. 그럴 거면 뭣하러 회의를 해요? 그냥 술자리에서 대충 합의하면 되지."

김민정(가명, 37세 여), L코스메틱 수도권북부 방판팀 파트장

♂

여자들 사이에서는 묘한 감정의 다툼이 빈발합니다. 그게 남자들의 다툼처럼 열전熱戰으로 확산되지 않아서 드러나지 않을 뿐, 한번 시작했다 하면 훨씬 더 길고 지리한 냉전冷戰이 펼쳐집니다. 관리자로서 조직을 운영하는 데 아주 골머리 아픈 부분입니다.

석진한(가명, 46세 남), H케미컬 바이오 연구소 소장

S기업에서 정기 임원 인사가 발표되었다. 새로 선임된 8명의 임원들 가운데 17년차 여성 부장 L팀장이 있었다. 여성 임원이 드물기로 유명한 그룹의 계열사에서 4년 만에 탄생하는 여성 임원이었다. 사내에서 화제가 된 것은 물론 언론사들의 취재 요청이 몰려들었다.

L팀장이 K상무를 밀어냈다고?

L팀장의 성공 신화에 맞춰져 있던 초점이 다른 방향으로 흐르기 시작한 것은 임원 인사가 발표된 지 불과 이틀도 지나지 않아서였다. 임원 인사의 경우에는 신임 또는 승진하는 사람들의 명단과 함께 퇴임하는 명단도 발표되는데, 그 명단에 4년 전 상무로 선임되었던 여성 임원 K상무의 이름이 들어가 있었다. 그러면서 남성 중심의 조직에서 임원의 자리까지 오른 L팀장의 도전과 성공 스토리가 기존의 여성 임원을 밀어내고 그 자리를 차지한 독한 여자의 이야기로 바뀌어갔다. 이러한 상황에서 으레 등장하는 '여자의 적은 여자'라는 프레임이 작동한 것이다.

사실 L팀장이 K상무를 밀어냈다는 것은 애초부터 말이 되지 않았다. 무역관장 출신의 아버지를 따라 유럽과 캐나다에서 고등학교와 대학을 나온 L팀장은 해외영업 담당 직원으로 입사하여 중간에 잠시 계열사 파견을 다녀온 기간을 빼면 꼬박 15년간 해외영업, 그중에서도 북미영업을 전담해온 영업통이었다. 반면 K상무는 박사 출신으로 차장으로 입사하여 연구소에서 프로젝트 책임자로 일해온 연구개발통으로, 두 사람은 회사에서 경쟁할 관계도, 상황도 아니었다. 그럼에도 불구하고 L팀장이 K상무를 밀어내고 임원을 달았다는 스토리는 추측을 넘어 정설이 되어버렸다. 예전의 일까지 동원하여 그 스토리에 확신을 불어넣기도 했다.

두 사람은 딱 한 번 함께 움직인 적이 있었다. 비슷한 시기에 미국 보스턴으로 출장을 갔던 것인데, K상무는 콘퍼런스에서 발표를 하기 위해서였고, L팀장은 콘퍼런스에 참석한 바이어들과 구매미팅을 하기 위해서였다. 일정이 맞지 않아 현지에서 식사는 물론 티타임도 제대로 갖지 못해 서로 아쉬워했는데, 그것까지 어떻게 찾아내어 "5일간의 해외출장에서도 밥 한끼 안 했던 사이였다"며 여적여 프레임에 방점을 찍어버렸다.

우리 주변에서 그리 낯설지 않은 사례다. 요즘의 학교, 직장 등에서도 흔히 벌어지는 일이다.

운전이 서툰 여자는 모두 '김여사'

그렇다면 왜 이런 이야기가 정설처럼 받아들여져 널리 공유되는 것일까? 그 답을 알아보기 전에 유튜브 영상을 들여다보자.

유튜브에 올렸다 하면 기본 이상의 구독자 수를 확보하는 영상들 중에 '김여사'라는 제목을 단 것들이 있다. 유튜버라면 이미 한두 번쯤 접했을 법한 영상으로, 여성 운전자가 사고를 내거나 주차하는 모습을 담았는데, 하나같이 운전에 미숙하여 웃음을 자아낸다. 의외로 많은 사람들이 이러한 영상에 관심을 보이고 돌려보면서 상당한 인기를 끌었다.

여성이 남성보다 운전을 못한다는 과학적 근거는 없다. 잘한다는 근거 또한 없다. 교통사고 관련 통계가 나와 있지만, 우리나라에서는 남성 운전자가 압도적으로 많고 여성 운전자는 장거리나 혼잡한 도심보다 근거리 운행이 많기에 큰 의미가 없다. 그럼에도 불구하고 '운전 미숙'이라고 하면 사람들이 금세 '김여사'라는 단어를 내뱉곤 한다. 그 이유는 이른바 '인지적 지름길cognitive shortcut'이라고 하는 심리적 특성이 작용하기 때문이다.

우리 인간은 어떤 자극을 받으면 재빨리 그것을 해석하고 어떻게 대응할지를 결정한다. 예를 들어 돌진해오는 자동차를 보면,

어라? 자동차가 달려온다 → 자동차는 쇳덩어리다 → 자동차는 나보다 강하고 단단하다 → 강하고 단단한 것에 부딪히면 다친다 → 다치면 아프고 괴롭다 → 그래? 그렇다면 얼른 피해야겠다

이렇게 일련의 사고활동을 하게 되고 의사결정을 내려 몸의 근육에 '피하라'는 명령을 내림으로써 자동차를 피하게 된다. 근데 이러한 프로세스를 다 거치면 시간이 많이 걸릴 뿐 아니라 뇌가 필요 이상의 에너지를 쓰게 되고, 최소의 에너지로 최대의 효율을 내는 쪽으로 진화해온 인간의 본성과도 맞지 않는다. 따라서 인간은 본능적으로 지름길을 선택하도록 프로그래밍되어 있는데, 이것이 바로 '인지적 지름길' 또는 '인지적 성향'이다.

자동차가 달려오고 있다 → 얼른 피해야겠다

그런데 인지적 지름길을 택하는 것이 늘 좋은 것만은 아니다. 대응이나 처리는 빠를 수 있을지 몰라도 인간관계 측면에서는 오히려 마이너스로 작용할 때도 많다. 회사에서 함께 일하는 동료들이나 같은 공동체에서 생활하는 구성원들에게 갖게 되는 선입관이나 오해, 편견이나 차별도 알고 보면 인지적 지름길 때문인 경우가 태반이다. 앞서 말한 김여사만 해도 그렇다. 운전이 미숙한 이유는 한두 가지가 아니다. 운전 경력이 짧아 상황대처 능력이 떨어져서일 수도 있고, 초행길이라 지리에 어두워서일 수도 있다. 또한 어젯밤 야근으로 피곤해서 반응이 느려졌을 수도 있고, 운전을 배울 때 천천히 출발하고 느리게 달리는 것에 익숙해서 그럴 수도 있다. 그런데도 운전에 서툴러 보이는 운전자가 여성이면 다른 요인들은 싹 빼버린 채 이 한마디를 내뱉을 뿐이다.

"김여사!"

김여사를 찾는 사람들은 비단 길 위에만 있지 않다. 직장, 학교, 기관의 곳곳에 있다. 조직생활을 하다 보면 언제든 논쟁과 경쟁이 벌어진다. 간혹 의견이 맞지 않아 다툴 수도 있다. 다툼은 남성과 남성 사이에 생길 수도 있고(이 경우가 가장 많다), 남성과 여성 사이에 생길 수도 있으며, 여성과 여성 사이에 생길 수도 있다. 그런데 유독 여성과 여성 사이에 일어나는 경쟁과 다툼에 대해서만 너무도 신속하게 단정적으로 정의를 내리곤 한다.

"여적여, 여자의 적은 여자다!"

'여적여'의 프레임을 깨려면

국내의 모 일간지에서 직장인들을 대상으로 실시한 설문조사에서 남녀 상사의 장단점에 대해 답변한 내용을 보면 흥미로운 점을 발견할 수 있다. 장점의 경우에는 1위부터 5위까지 남자 상사와 여자 상사의 경우가 크게 다르지 않은 반면, 단점은 1위부터 5위까지가 서로 달랐는데, 그중 눈에 띄는 것이 여자 상사의 단점 3위로 꼽힌 항목이 남자 상사의 단점 항목에서는 순위권 밖에 있었다는 사실이다. 바로 '질투심'이다.

많은 직장인들(응답자의 14.7%)이 여자 상사의 단점으로 질투심을 꼽았다. 반면 남자 상사의 단점으로 질투심을 꼽은 직장인은 소수에 지나지 않았다. 정말로 질투심은 여자 상사들에게서 흔히 발견되는 단점일까?

아니다. 설문조사 결과를 토대로 실시한 추가 진단과 정밀 인터뷰를 통해 드러난 사실은 질투심이 여자 상사의 주된 단점이라고 할 만한 구체적 증거나 실태는 거의 없다는 것이었다. 직장인들이 그나마 증언한 내용조차도 꼭 집어 질투심이라고 하기엔 애매한 것들이 대부분이었다. 심지어 같은 행동인데도 여자 상사에게는 그 원인을 질투심으로 돌리고, 남자 상사에게는 '다소 과한 경쟁심'으로 지목한 경우도 있었다. 이 또한 전형적인 '여적여의 프레임' 덧씌우기, '김여사 만들기' 매커니즘이 작동한 결과로 볼 수 있다.

우리는 오래전 역사에서도 이 같은 메커니즘을 찾을 수 있다. 잘 알려진 '마녀사냥'이 대표적이다. 중세시대에 멀쩡한 여자들에게 마녀라는 이름표를 붙여 목숨을 빼앗거나 삶의 터전을 불태운 야만의 역사였다. 겉으로는 사회질서를 바로잡기 위한 종교적이고 숭고한 행위로 선전되었지만, 실제로는 피지배계층의 불만을 다른 데로 돌리고, 돌림병이나 기근 등의 재앙으로 인한 사회적 동요를 막으며, 가상의 적을 만들어 공포심을 조장함으로써 통제를 더욱더 강화하려는 지배계층의 사기극에 다름 아니었다. 당연히 마녀사냥의 제물이 된 여자들은 홀로 살거나 부모나 남편의 보호를 받을 수 없는 약자였다.

지금의 우리는 어떤가. 별다른 생각 없이 쉽게 내뱉는 '여자의 적은 여자'라는 말, '여자는 질투심 때문에 회사생활에 지장을 받는다'는 통념 역시 미래의 후손들에게는 '21세기의 마녀사냥'으로 비판받을지도 모를 일이다.

그렇다면 여자 상사와 여자 직원 사이를 갈라놓는 '여적여'의 프레임을 어떻게 하면 벗어던질 수 있을까?

먼저 남자 직장인들 사이에 만연한 편견부터 없애야 한다. 남직원 둘이 얘기하면 '업무 논의'이고 여직원 둘이 얘기하면 '수다, 잡담'일 거라는 편견, 남자 상사가 남자 직원을 앞에 놓고 심각한 표정으로 얘기하면 '직원 육성'이고, 여자 상사가 여자 직원에게 그러면 '여자들끼리의 암투'라거나 '여자 상사는 역시 여자 후배를 키워주지 않아. 자기 자리를 노릴까 봐'라는 억측을 입에 올리는 것을 부끄러워할 줄 알아야 한다. 근거 없는 편견에서 자유로워져야 한다.

여자 직장인들 역시 당당하게 나서야 한다. 더 이상 남자 동료들의 시선에 위축되지 말고 아닌 것은 아니라고 말할 수 있어야 한다. 삐친 게 아니고 화가 난 것이며, 질투하는 게 아니라 잘못된 것을 비판하는 것이고, 김 부장과 박 부장이 싸우는 이유가 남자의 적이 남자라서가 아닌 것처럼, 여자 직원들끼리 다투는 것 역시 여자의 적이 여자라서가 아니라는 사실을 분명하게 주장할 줄 알아야 한다.

위기에 처한 회사를 극적으로 되살린 인물로 세계에서 가장 위대한 경영인으로 꼽히는 안드라 누이 펩시 회장은 자신의 강점을 묻는 기자들에게 '여성다움'이라고 당당히 말했다. 그는 자신과 같은 여성들이 '사회라는 천조각을 잇고 있는 실'이라며 여성다움이 프로다움의 반대말이 아니라 다른 표현이고, 엄마와 아내라는 역할이 직장인의 역할과 대척점에 있지 않다는 것을 강조했다.

사람들은 그가 최고의 자리에 오르기까지 얼마나 많은 남성들과 경쟁해야 했는지에 대해서는 관심을 두지 않았다. 반면에 여성들과 경쟁하거나 협력할 때는 깎아내리기를 주저하지 않았다. 어떤 경우에건 '여자니까', '여자는 역시'라는 단정의 꼬리표를 달기 일쑤였다. 그럴 때마다 그는 당당하게 말했다.

"예, 제가 여성이어서 그렇습니다! 제가 여성이어서 이 자리까지 올 수 있었습니다."

안드라 누이는 자신의 여성적 감성 sensibility과 엄마로서의 결단력 resolution, 그리고 아내로서의 포용과 조화 harmony 능력을 적극 발휘했다. 이후 사람들은 그를 '여자'가 아니라 '사람'으로 바라보기 시작했고, 그가 어떤 여성 경영자나 관료와 싸울 때도 '여자의 적은 여자'라는 말을 입에 올리지 않게 되었다. 강하고 뛰어난 경영자로 세상과의 승부에 당당히 맞서 이기는 존재로 이야기할 뿐이었다.

멘토-멘티는
동성끼리?

interview

♀

중간관리자 육성을 위한 멘토링 프로그램 참석을 위해 인재개발팀과 면담을 하는데, 너무 당연하다는 듯 "윤진숙 과장은 여자니까 아무래도 멘토를 여자 팀장님들 중 한 분으로 정해서 맺어드리면 되겠죠?"라고 하는 거예요. 어이가 없어서 면전에 대고 외쳤죠. "아뇨, 전 김씨니까 김씨 성을 가진 팀장님들 중에서 골라주세요. 아니면 제 집이 목동에 있으니까 목동 사는 분들 중에서 골라주시던지요"라고 말이죠. 도대체 언제까지 여자는 여자, 남자는 남자를 따질는지….

윤진숙(가명, 33세 여), K정보통신 OO서비스지원팀 과장

♂

여성 리더가 여성 인재 육성에 더 적임자라는 생각은 조금 올드한 생각 같아요. 이종교배한 작물이 훨씬 더 병충해에 강하고 알찬 결실을 내듯 여성 인재들도 남성 리더와 함께 일하며 다양한 경험을 쌓으면서 한 단계 업그레이드되는 모습을 많이 볼 수 있습니다.

홍종국(가명, 46세 남), 한국OOO연구소 대외협력처 국장

몇 해 전 한 공기업에서 '여성 멘토링 프로그램'을 도입한다는 내용의 보도자료를 배포했다. 2, 30대 여성 직원들 중 희망자에게 여성 팀장이나 임원을 연결해주고 멘토-멘티로 주기적 멘토링 활동을 할 수 있게 지원하겠다고 공표했다. 이를 통해 사회생활의 고충을 털어놓고, 직장에서 겪는 어려움에 대한 위안을 얻으며, 진로에 대한 조언 등을 들을 수 있는 기회를 제공하겠다고 했다. 또 멘토들에게는 직원 육성을 통해 더 큰 직책에 맞는 리더십을 함양하는 기회를 부여하겠다고 했다. 특급호텔 그랜드볼룸에서 진행된 멘토-멘티 결연식에 CEO를 포함한 고위 경영진이 총출동했고, 언론사들은 제법 비중 있는 뉴스로 이 소식을 보도했다.

6개월 시한으로 계획된 이 프로그램이 그 후 어떻게 진행되었는지는 알려지지 않았다. 6개월이 지난 시점에서 주요 일간지들을 죄다 뒤져보았지만 프로그램의 결과에 대한 보도는 없었다. 해당 공기업에서 2기, 3기 프로그램을 실시한다는 소식이 없었던 걸로 보아 취지와 달리 성과가 좋지 않았던 것 같다.

여성 직원-여성 리더 멘토링의 문제점

결연식 행사가 있었던 날, 나는 호텔로 향하는 입구와 마주보고 있는 뷔페식당에서 모임이 예정되어 있었다. 그날 모임을 주관한 분이자 모 글로벌기업의 한국지사 HR를 총괄하는 임원인 정유정가명, 47세 여성 상무는 그랜드볼룸 입구에 큼지막하게 걸린 '여성 직원-여성 리더 멘토링 결연식'이라는 문구를 보며 혀를 찼다.

"여성 직원, 여성 리더 멘토링 결연식이라… 그럼 저 회사는 전라도 출신 직원과 전라도 출신 리더 간 멘토링은 안 하나? 서울대 출신 직원과 서울대 출신 리더 간 멘토링은? 여성 직원들의 애환을 여성 리더가 잘 아니까 둘이서 뚝딱 뭔가 해봐라? 애환이라고 하면 키 작은 남자들도 못지않지. 키 작은 남성 직원과 키 작은 남성 리더 간 멘토링은 왜 안 하지?"

불쾌한 기색이 역력해 보였다. 정 상무뿐 아니라 그날 그 자리에 참석한 이들 대부분이 그랬다.

많은 조직에서 여성 인재에 대한 리딩과 멘토링을 같은 여성 리더에게 맡기고 있다. 이유는 앞서 소개한 공기업의 보도자료에 나온 그대로다. 하지만 이는 '여자의 적은 여자'라는 식의 사고와 다를 바가 없는 단순하고 무례한 생각이다.

어느 기업에 흑인이 입사했는데, 흑인은 흑인이 잘 아니 흑인 선배 직원한테 멘토 역할을 맡긴다면 어떨까? 아마도 위화감을 조성한다거나 인종차별적인 처사라며 호된 비판을 받을 것이다. 그런데 유독 여성에 대해서만은 그런 인식을 버리지 못하는 걸까? 배려한다고 하지만 여성을 직장인 사회에서 동등한 직원으로 인정하지 않고 오히려 약자로 만드는 결과를 초래할 가능성이 크다.

비슷한 환경의 사람들끼리 더 잘 통하고 그들끼리 모아놓으면 더 좋은 일이 생길 것 같다는 생각은 구시대적 사고다.

체 게바라를 만든 여성들

언젠가 한국의 유명 대학교에서 취업지도를 담당하고 있는 교직원이 방송에 나와 "앞으로 남학생들은 사회 진출이 더 힘들어질 것"이라는 요지의 말을 한 적이 있다. 주변에서 방송을 지켜보던 남자들은 '낭패'라는 반응이었고, 여자들은 '잘됐다'는 표정을 지었다. 이후에도 유명 대기업에서 인사담당자로 일하는 분이 방송 인터뷰에서 "한국 기업에서 여성 임원의 비율이 늘어날 것이며, 남성들의 경쟁력은 급속도로 약화될 것"이라고 말했다. 이 방송을 보며 남자들은 씁쓸해했고 여자들은 흐뭇해했다.

혹시 당신도 그러지 않았는가? 하지만 틀렸다. 남성과 여성은 적이 아닌 동지이고, 극복의 대상이 아닌 협력의 파트너다. 경쟁이 치열하다 해도 진정한 승리의 인생을 살고자 하는 사람은 편협한 사고의 틀 속에 이성을 가두지 않는다.

아르헨티나 태생의 쿠바 정치가이자 혁명가로, 쿠바혁명의 아이콘과도 같은 체 게바라. 그는 지난한 혁명의 과정에서도 여성을 자신의 동지로 인정하고 신뢰했으며, 진심으로 사랑하고 그들과 함께 승리하고자 노력했다. 때로는 기꺼이 선배와 스승으로 모시고 배움을 청하기도 했다.

게바라의 길지 않은 인생에는 많은 여성 동지와 스승이 있었다. 그중에서도 가장 큰 영향을 준 3명의 여성이 있는데, 바로 어머니와 두 아내였다.

어머니 셀리아 데 라 세르나는 아르헨티나의 명문가 출신이었지만 사랑을 따라 에르네스토 게바라 린치와 결혼한 보기 드문 여성이었다. 육남매를 낳아 키웠지만 집안에만 머물지 않고 세상에 대한 관심의 폭을 넓혀 많은 예술가와 문학가를 만났으며, 1936년 스페인내전으로 프랑코 장군의 쿠데타군에 밀려 공화파가 피신해 오자 이들을 지원하기 위한 단체를 만드는 데 앞장서기도 했다. 이와 같은 어머니의 영향하에서 어린 게바라의 의식도 폭넓게 성숙되어갔다. 특히 그에게 깊은 영향을 준 것은 '독서'와 '토론'이었다. 어릴 때부터 앓았던 천식 때문에 학교에 가지 못하는 날이 많았던 아들을 위해 어머니는 프랑스문학을 비롯한 다양한 교양서적들을 읽혔으며, 시간이 날 때마다 아들과 토론을 벌여 올바른 사고를 정립할 수 있게 도와주었음은 물론, 바깥세상에 대한 관심의 끈을 놓지 않도록 인도했다. 그런 어머니를 통해 게바라는 상대가 누구든 그를 존중하며 생각을 교환할 줄 아는 사람으로 성장했고, 그와 함께 투쟁했던 여성들은 거친 투사의 이미지에도 불구하고 여성을 가장 존중한 지도자로 그를 기억했다.

두 번째 여성은 동지이자 아내인 일다 가데아. 게바라에게 사회주의혁명의 눈을 틔워준 여성이다. 부에노스아이레스 의과대학을 졸업하고 친구 카를로스 페레로와 함께 남미 여행을 떠났다가 과테말라에 정착하여 의사로 취직한 게바라는 페루에서 쫓겨나 과테말라로 망명한 사회주의운동가 가데아를 만난다. 7살 연상인 가데아와 게바라는 연인에서 부부가 되었지만 혁명의 선배와 후배에 더 가까웠다. 그들은 가까운 동지로서 토론과 학습에 몰두했고, 그와 더불어 게바라의 사상도 완성되어갔다.

세 번째 여성은 알레이다 마르치. 가데아와 헤어진 다음에 만난

재혼 상대이자 마지막까지 그의 아내로 남은 사람이다. 교사로 지내던 마르치는 게릴라 전사와는 거리가 먼 외모와 이미지 때문에 비밀경찰들을 따돌리고 혁명 자금을 전달하는 역할로 포섭되었고, 이후 게바라가 이끄는 부대의 일원으로 합류했다. 게바라와 결혼하여 4명의 자녀를 낳은 마르치는 게릴라부대를 이끄는 남편과 자식들을 보살펴야 했지만 현모양처의 역할에 머물지 않았다. 남편이 현실에 안주하려 하거나 혁명의 피로감에 휩싸일 때마다 때로는 응원하고 때로는 질책하며 다시 일으켜 세웠고, 그 덕분에 체 게바라는 볼리비아에서 사망할 때까지 남미 곳곳의 혁명을 이끌며 세계 역사의 한 페이지를 장식하는 위대한 혁명가로 남게 되었다.

생전의 게바라에게 누군가가 물었다고 한다. "당신에게 여성 동지는 어떤 존재인가?"라고. 그는 잠시의 망설임도 없이 이렇게 대답했다.

"여성 동지들은 (여성이라는) 그들 고유의 특성을 지닌 채 거친 전장에 뛰어들지만, 남성 동지들 못지않게 싸울 수 있는 능력을 가지고 있다. 그들은 치열하게 싸울 수 있고, 남성 동지들보다 힘은 약하지만 그들 못지않게 거세게 저항할 수 있다. 나는 그들을 믿고 기꺼이 전장에 나서고 그들로부터 날마다 많은 것들을 배운다."

이성에 대한 열린 사고와 존중, 기꺼이 나의 동지와 스승으로 맞이하려는 태도가 체 게바라를 역사의 독보적인 혁명가로 성장할 수 있게 해준 것이다.

사람을 성장시키는 관계의 조건

앞서 기술한 대로 우리에게는 살아온 환경이 비슷한 사람이 코칭을 더 잘해줄 거라는 고정관념이 있다. 여성을 위한 여성 멘토링 프로그램도 그런 생각으로 도입했을 것이다. 그러나 시대가 바뀌었다. 유사함이나 동일함으로부터 오는 친숙함이나 공감으로는 변화와 성장을 이끌어낼 수 없다. 다양함에서 나오는 생경함을 통해 내적 성찰과 외적 성장이 일어날 수 있다. 그래서일까. 코칭이나 멘토링의 패턴도 전과는 많이 달라졌다. 과거에는 지식과 경륜이 풍부한 나이 많은 어른이 젊은이에게 해주는 것이었다면, 최근에는 기업의 임원이나 대학교수, 기관장 등이 신입사원이나 대학생에게서 멘토링을 받는 '역逆멘토링'이 인기를 끌고 있다. 사실 미국에서는 훨씬 전부터 있었던 일이다. '중성자탄 잭'이라는 무시무시한 별명으로 불리며 GE의 전성기를 이끌었던 잭 웰치가 멘토로 삼은 이는 그보다 무려 19살이나 어린 썬마이크로시스템즈의 창업자 스콧 맥닐리였다.

이제 멘토링은 연령의 경계를 넘어 '성별'의 장벽도 허물고 있다. 페이스북의 COO로 부임한 셰릴 샌드버그여성는 마크 저커버그남성를 자신의 보스가 아닌 멘토라고 공공연히 말하고, 프랑스의 식료품 기업 소덱소의 CDO Chief Diversity Office, 최고다양성책임자로 재직 중인 로히니 아난드 역시 어려울 때마다 조언을 구했던 멘토는 같은 여성이 아니라 남성인 미셸 란델이었다. 란델은 소덱소의 CEO로 국적도, 성별도, 성장환경도 달랐던 아난드에게 최선의 멘토링을 제공했고, 아난드는 기업의 조직문화 다양성 관리에서 최고 권위자로 성장할 수 있었다.

미국 해군사관학교 심리학과 교수인 브래드 존슨 박사와 사회학과 교수인 데이비드 스미스는 오랜 관찰과 연구를 통해 '일반적으로 남성들이 여성들을 멘토링하면 해당 여성의 경력 개발과 능력 향상에 더 큰 효과가 있고, 멘토링을 받는 멘티 여성들의 만족감 역시 훨씬 더 크다'는 결과를 도출해냈다. 연구 결과에 따르면 여직원들은 같은 연배나 직급의 남직원들에 비해 사내 정보 등으로부터 소외되는 경우가 많고 비공식적 지원으로부터도 배제될 가능성이 큰 것으로 나타났다. 그런 여성들이 남성들에게 멘토링을 받으면 남성들이 갖고 있는 네트워크와 사회적 자본이 여성들에게 공유, 활용될 수 있다.

반대의 경우도 마찬가지다. 정보 교환을 통해 유지되는 남성들의 커뮤니티와 달리 여성들의 커뮤니티에서는 감정적 교류, 공감 여부가 더 중요시된다. 따라서 여성 멘토는 남성 멘티에게 직장생활에서 부족할 수 있는 정서적 안정이나 감성적 인간관계 형성 등에서 보다 세심한 멘토링을 해줄 수 있다.

남성은 여성을, 여성은 남성을 진정한 동료이자 스승으로 대할 수 있어야 한다. 그러면 직장 내 인간관계는 더욱 넓어질 것이고, 나의 성장에 도움을 주는 사람이 지금보다 2배로 늘어날 것이다. 얼마나 큰 행운인가.

LIFE

흔히 사용하는 '가정적인 남자'와
'일도 잘하는 여자'라는 표현.
얼핏 들으면 별 문제가 없는
칭찬의 말이지만, 우리가 의식하지
못하는 위험한 논리를 내포하고 있다.

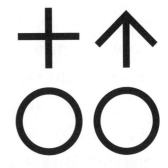

모여서會
먹는食 회식,
뉘우치고悔
탄식하는息 회식

interview

○+

1박 2일로 워크숍을 갈 때 남직원들이 챙겨야 할 게 5가지라면, 여직원들은 10가지, 20가지 이상은 돼요. 그런데도 가서 보면 정말 힘든 경우가 많죠. 한번은 제가 '그날'일 때 워크숍과 딱 겹쳤는데, 거짓말 조금 보태서 '감옥에서 탈출하려는 탈옥수들의 심정이 이런 거구나…' 싶더라고요. 도망치고 싶었어요.

최수정(가명, 37세 여), J동 동사무소 사회복지 담당

○→

처음 발령을 받고 야유회를 갔는데, 직원들 아내까지 따라와서 음식이랑 술을 챙기더라고요. 여직원들은 말할 필요도 없었지요. 요즘은 젊은 남직원들이 손 걷어붙이고 하나부터 열까지 챙기는데… 힘들어서 야유회 가기 싫다는 건 핑계인 것 같아요. 여자들이 조직이나 구성원들에 대한 애착이 별로 없다는 사실을 감추기 위한 게 아닐까요?

조봉찬(가명, 54세 남), D구청 OO건설과 과장

일연의 《삼국유사三國遺事》를 보면 신라의 태종무열왕에 대해 다음과 같이 쓰여 있다.

"왕은 하루에 쌀 서 말과 꿩 아홉 마리를 드셨는데, 경신년에 백제를 멸하신 뒤에는 점심은 거르고 아침과 저녁만 드셨다. 하루에 쌀 6말, 술 6말, 그리고 꿩 10마리를 드셨다. 저잣거리의 물가는 베한 필에 벼가 30석 또는 50석이었으니 성군의 시대라고 백성들의 칭송이 자자했다."

당시의 도량형 기준으로 10홉이 1되이고 10되가 1말인데, 1홉은 초기에 20ml 정도였다가 통일신라 무렵에는 30ml로 늘어났다. 그렇다면 1말은 2리터에서 3리터가 된다. 즉, 백제를 멸망시킨 후 태종무열왕이 한 끼에 먹은 음식은 쌀과 술이 각각 6리터 가까이 되는 셈이다. 여기에 닭보다 무게가 더 나가는 꿩까지 10마리를 더 먹었다니! 이 기록이 사실이라면 최근에 먹방먹는 모습을 주된 내용으로 하는 방송을 진행하며 큰 인기를 끌고 있는 유명 개그맨들보다 훨씬 더 많은 양을 섭취한 역대급 대식가라고 할 수 있다. 물론 이는 왕의 치세를 칭송하려는 의도에서 나온 과장일 수 있다.

어쨌거나 우리 민족은 왕뿐만 아니라 일반 서민들도 엄청난 대식가였다는 사실이 역사서를 비롯한 각종 기록에 나와 있다. 구한말, 조선 천주교 교구장을 지낸 프랑스인 안돈이마리 다블뤼, Marie Nicolas Antoine Daveluy 신부가 쓴 《조선사 입문 노트Notes pour l'introduction a l'histoire de Coree》라는 책에서도 조선인들은 지위고하와 노소를 막론하고 엄청난 양의 식사를 한다고 썼다.

"그들은 밥을 먹으면서 이야기를 하지 않는다. 묵묵히, 아주 큰 사발을 꽉 채운 엄청난 양의 쌀밥을 다 먹어 치우고도 충분하지가 않은지 무언가를 계속 먹으려 한다."

"소라도 잡는 날이면 쇠고기가 한 사람당 한 접시 가득 제공되는데, 누구도 그를 마다하지 않고 삽시간에 먹어 치운다."

"그들은 누군가를 대접할 때 닭을 조각 내어 요리하는 것이 아니라 한 마리를 통째로 삶아 내놓는데, 그것을 꺼리지 않고 남김없이 먹어 치운다."

등산은 먹으러 가는 거지요

10여 년 전, 독일로 출장 갔다가 주말을 이용해 흑림黑林으로 유명한 슈바르츠발트Schwarzwald를 둘러볼 기회가 있었다. 이곳은 하이델베르크, 칼스루에, 프라이부르크 등의 도시에 걸쳐 형성된 남북 160km, 동서 50km에 달하는 거대한 산림지역인데, 그날은 슈바르츠발트에서 가장 높다는 펠트베르크의 스키장을 찾았다. 1891년 프랑스 외교관 로베르 필레가 처음 스키를 탔다는 스키장으로, 세계 최초로 스키스쿨이 설립되면서 유럽 스키의 본산이 되었다.

우리나라 소백산1,440m보다 높은 고지1,493m였지만 산세가 완만하여 그리 어렵지 않게 다녀올 수 있는 곳이었다. 한참을 걸으니 시장기가 몰려왔다. 주변은 온통 울창한 숲만 보일 뿐 식당이나 산장은 눈에 띄지 않았다. 안내를 맡은 독일인의 눈치를 살피고 있는데, 어떻게 알았는지 잠시 쉬었다 가자고 했다. 드디어 고픈 배를 채울 시간. 그런데 자리를 잡은 가이드가 가방에서 꺼낸 것은 사과 두 알과 생수 두 병뿐이었다. 다른 독일인 등산객들도 마찬가지였다. 리슬링와인에 간단한 치즈와 비스킷을 챙겨온 이도 있었지만 대부분 생수에 사과, 그리고 독일 특산물인 납작복숭아 몇 알이 다였다.

문득 출장 몇 주 전에 다녀온 산악회 춘계등산이 생각났다. 펠트베르크보다 훨씬 낮은 578m의 청계산 매바위까지 오르는 일정이었는데, 준비물은 '사과 두 알'의 수십 배에 달했다. 1인당 생수 1병은 기본이고, 수분을 보충해줄 오이 1개와 당이 떨어지는 분들을 위한 양갱과 초코바, 그리고 정상에 올라 나눠 마실 정상주로 얼린 막걸리가 2인당 1병, 안주로 말린 과일과 어포, 견과류, 미니족발과 홍어무침까지 준비되었다. 이게 끝이 아니었다. 산을 내려와 하산주를 마실 장소가 예약되어 있었는데, 한방오리백숙에 도토리묵, 해물파전이 기다리고 있었다.

우리는 예나 지금이나 참으로 먹는 걸 좋아하고, 그만큼 중요시한다.

회식은 업무의 연장일까?

우리나라 사람들은 먹는 걸 너무도 좋아했지만 음식은 풍족하지 않았다. 그만큼 먹는 것이 늘 절실할 수밖에 없었다. 남녀노소 가릴 것 없이 아는 사람을 만났을 때 "식사하셨어요?"나 "밥 먹었니?"라고 인사하는 습관이 그래서 생겼다. 또한 새로운 관계를 맺고 싶을 때에도 "언제 식사 한번 하시죠", "식사를 대접하고 싶은데 괜찮으세요?"라 묻는 것이 일상화되었다.

먹는 일은 직장생활에서도 가장 중요한 부분을 차지했다. 특히 퇴근 후의 저녁식사에 큰 의미를 부여했다. 문제는 그것이 지극히 남성 중심으로, 끼리끼리 문화를 강화하는 방향으로 흘러왔다는 것이다.

1960~1970년대에 사회생활을 시작한 분들은 회식의 횟수가 잦았을뿐더러 한번 했다 하면 1차, 2차는 보통이고 밤새도록 부어라 마셔라 하곤 했다. 1982년 1월 5일 야간통행금지제도가 폐지되기 전에는 밤 11시까지 술을 마시다가 통행금지가 시작되는 자정 전에 누군가의 집으로 몰려가 다음날 새벽 4시 통행금지가 해제될 때까지 술을 마시거나 화투를 치는 것이 다반사였다.

회사가 주최하는 야유회 등의 행사에서는 이보다 한술 더 떴다. '가족 동반'을 빌미로 배우자는 물론 자녀들까지 모두 참여하기도 했는데, 해당 장소로 가는 버스 안에서부터 술병이 돌기 시작하여 당일 또는 1박 2일 내내 진탕 술을 퍼마시며 노는 것이 프로그램의 거의 전부였다.

회식이나 외부 행사는 거의 모든 사람이 참여하는 자리였지만, 다수의 희생(?)을 요하는 것이기도 했다. 우선, 부서장이나 고참급 직원들을 제외하면 회식을 언제 할지, 어디서 어떻게 할지에 대해 의견을 낼 수 있는 사람이 없었다. 말 그대로 위에서 정하면 거기에 직원들 개인의 스케줄과 컨디션을 맞춰야 했다. 직원 가족들도 그에 따라야 했다. 어린 시절, 갑작스럽게 변경된 부모님(주로 아버지) 일정 탓에 함께 가기로 한 놀이공원에 가지 못하거나 아버지 없이 생일잔치를 벌여야 했던 기억들을 갖고 있을 것이다. 어디 그뿐인가? 야유회라도 갈라치면 아내들은 준비물을 바리바리 싸서 가야 했는데, 가서도 그냥 있는 게 아니라 남편의 서열에 맞추어 음식을 차리고 정리를 도맡아야 했다.

평소에도 아내들은 쉴 틈이 없었다. 갑자기 집에 쳐들어온 사람들을 위해 졸린 눈을 비비고 일어나 술상을 보아야 했으며, 아침에는 해장국까지 챙겨야 했다. 시대가 변하면서 지금은 거의 사라진 옛 풍경이 되었지만, 맞벌이 가정의 증가와 함께 배우자의 일정 변경은 다른 배우자의 시간 조정을 필연적으로 수반한다는 점에서 아직도 회식문화는 적지 않은 폐해를 낳고 있는 것이 현실이다.

이제는 바꾸어야 한다. 바뀌고 있다고 하지만 더 바꾸어야 한다. 변화를 요구하는 목소리도 한껏 높아지고 있다. 그런데 그럴 때마다 '회식 옹호론자'들이 입버릇처럼 하는 말이 있다.

"회식도 업무의 연장이다!"

장점은 살리고 문제는 없애는 그들의 방식

물론 조직사회에서 회식은 필요하다. 사무실에서 나누지 못한 인간적 소통에 도움이 될 수도 있고 같은 조직의 구성원으로서 일체감을 갖게 하는 측면도 무시할 수는 없다. 자유롭고 편안한 분위기에서 이런저런 이야기를 하다 보면 개인과 조직의 발전에 길을 열어주는 창의적 아이디어들이 튀어나올 수도 있다.

세계 최초의 상용 인터넷브라우저 넷스케이프를 창업한 짐 클라크가 새로운 분야로 헬스케어기업을 세우게 된 계기도 회식 자리였다고 한다. 직원들과 편하게 대화를 나누다가 아이디어를 얻은 그는 즉석 토론 끝에 신사업의 초기 구상을 완성했다. 식사를 함께 했던 식당에서 냅킨에 그린 그림이 최초의 사업계획서였다. 전 세계에서 가장 많은 이들이 찾는 동영상 공유 서비스인 유튜브YouTube 역시 파티 자리에서 시작되었다. 창업자 스티브 첸이 거주하던 샌프란시스코의 작은 아파트에서 파티를 즐기던 친구들이 직접 찍은 동영상을 보여주려고 비디오카메라를 들고 왔다 갔다 하는 모습에서 아이디어를 얻어 유튜브를 오픈하기에 이르렀다.

무시할 수 없는 장점에도 불구하고 회식은 변화가 요구된다. 문제를 야기하기에 그렇다. 특히 남성들이 주도하는 회식에서 폐해가 발생하는 경우가 많다. 잘못된 회식문화로 불미스러운 일이 생기고, 조직에 이상기류가 돌고, 리더가 징계를 받는 일이 아직도 심심찮게 일어난다.

구성원 모두가 동의하는 방향으로 회식문화를 개선해야 한다. 힘들어하는 소수를 위한 배려도 잊지 말아야 한다. 개인의 자율성과 조직의 통일성이 조화를 이루고, 사생활과 직장생활이 균형을 이루도록 만들어야 한다. 지금 시대에 걸맞은 회식문화는 무엇일까?

1917년 뉴욕에서 설립되어 전 세계 60개국 250여 곳의 지사를 거느린 세계적인 부동산서비스기업으로 성장한 쿠시먼 앤드 웨이크필드는 참신하면서도 독특한 기업문화를 갖춘 것으로 유명하다. 특히 그들의 회식과 파티 문화는 관련 업계는 물론 국내외 경영대학원이나 기업교육기관 등에서 벤치마킹할 정도로 매력적이라는 평가를 받는다.

공식적인 회식은 반드시 분명한 타이틀이 있을 때만 사전에 공지하는 것을 원칙으로 삼는다. 임원이 심심하다거나, 팀장이 부부싸움으로 저녁을 밖에서 해결해야 한다거나, 선배가 가고 싶은 맛집이 생겼다거나 하는 이유로 갑자기 회식을 잡는 일은 찾아볼 수 없다. 날짜는 자체 일정관리시스템을 통해 결정하는데, 구글캘린더나 네이버캘린더 같은 검색사이트의 일정관리앱을 사용하여 최대한 많은 인원들이 참석할 수 있는 시간을 우선한다. 장소와 메뉴를 선정하는 방식도 마찬가지다. 직원 대표들이 전체 임직원들의 의견을 받아 합리적으로 선택한다. 회식은 리더 중심이 아니라 직원들의 단합과 격려라는 본연의 목적에 충실해야 한다는 점을 명확히 인식하고 있는 것이다.

또한 회식에는 저마다의 테마가 있다. 예를 들어 연말송년회의 경우에는 드레스 코드가 주어진다. 임직원들은 그에 맞추어 복장을 갖추고 회식에 참여하는데, 코믹영화의 주인공 캐릭터부터 역사적 위인의 코스프레 등 창의와 유머가 넘치는 다양한 모습을 연출한다.

이 모든 것은 여성들을 포함한 구성원들 모두가 회식에 긍정적으로 반응하고 자발적으로 동참하게끔 경영자부터 솔선수범하여 문화를 가꿔온 결과다.

'집사부일체'가
꿈의 직장을 만든다

interview

♀

회사와 가정에서 동시에 문제가 생기면 대부분의 여자들은 가정일을 챙길 겁니다. 남자들은 아마도 그 반대일 거고요. 그 차이에서, 남자가 아무리 집안일을 돕는다고 해도 맞벌이 여성이 감내해야 하는 부담감과 피로감이 줄어들지 않는 이유를 찾을 수 있습니다.

홍선화(가명, 41세 여), M상사 금융팀 파트장

♂

남자들은 대개 가정일은 아내에게 맡기고 회사일을 우선합니다. 바깥일에 매달려서 뭔가를 성취해낼 때 더 능력 있어 보인다는 고정관념이 아직까지 남자들 세계에서 확고하게 자리 잡고 있죠. 중년 이후로는 여성들조차도.

김종국(가명, 46세 남), S전자 OO팀 수석

언론보도에 따르면 한국 남성들의 가사노동 분담률은 OECD경제협력개발기구 회원국 중 최하위 수준인 것으로 나타났다2014년 기준. 가사 분담시간이 일평균 45분이었는데, 26개국 중 최하위인 것은 물론 유일하게 1시간 미만이었다. OECD 평균인 138분과 비교하면 3분의 1이 채 안 되고, 남성의 가사노동 분담률이 가장 높은 덴마크와 비교하면 4분의 1 수준에 불과했다. 그에 반해 한국 여성들의 가사노동시간은 일평균 227분으로 남성의 5배가 넘었다.

조사 결과가 알려지자 여성단체와 관련 시민단체에서 즉각 목소리를 냈다. 그들은 노동분담의 심각한 불균형을 지적하며 그래서 한국 여성의 사회참여가 부진했던 것이라고 주장했다. 더불어 정부와 관련 기관에서 조속히 대책을 마련해줄 것을 촉구했다.

처음에는 대다수의 사람들이 그에 수긍하는 것처럼 보였다. 그러나 이내 남성들을 중심으로 반대의 목소리가 나오기 시작했다. 그들 역시 OECD 자료를 근거로 삼았던 것인데, 해석의 방식은 전혀 달랐다.

바깥일은 남자가, 집안일은 여자가?

14세 미만의 자녀를 둔 부모들의 고용 현황을 보면, OECD 회원국 평균은 '전일제 맞벌이', 즉 부모 모두 아침에 출근하여 종일 일하고 저녁에 퇴근하는 형태가 41.9%로 가장 많았고, '외벌이'가 30.8%로 그다음이었으며, '전일제+시간제'인 경우가 16.6%로 가장 적었다. 반면 한국은 외벌이가 46.5%로 가장 높았으며, 전일제 맞벌이가 20.6%, '전일제＋시간제'가 8.8%였다. 전일제와 시간제를 합한 맞벌이 부모의 비중이 29.4%로 30%가 되지 않았다. 58.5% 수준인 OECD 평균과 비교하면 절반 수준이었다.

남성들은 이 같은 수치를 근거로 "남자들은 밖에 나가서 열심히 일하느라 집에 늦게 들어오고, 들어와서도 피곤해서 쉬다 보면 가사 노동을 조금밖에 도와줄 수 없다", "남자들은 밖에서 일하니 여자들이 집에서 가사노동을 도맡는 게 당연하지 않으냐?"는 식의 논리를 폈다.

이렇게 남녀 간 의견은 서로 팽팽하게 맞섰다. 어느 쪽 말이 맞을까? 닭이 먼저일까, 달걀이 먼저일까?

무급 가사노동과 유급 노동시간을 살펴보면 답이 나온다. 둘을 합산했을 때 한국 남성은 하루에 467분을 일하는데 여성은 501분을 일하는 것으로 드러났다. 즉, 여성이 34분을 더 일하는 셈이다. OECD 평균은 여성이 487분, 남성이 466분으로 여성이 21분을 더 일한다. 남성의 가사노동 분담률이 높은 덴마크남성 446분. 여성 437분, 스웨덴남성 476분. 여성 475분, 노르웨이남성 446분. 여성 427분 등에서는 남성이 여성보다 더 많은 시간을 일하는 것으로 나타났고, 우리나라처럼 여성의 노동시간이 더 긴 나라는 일본과 멕시코 정도였다.

닭이 먼저냐 달걀이 먼저냐로 다툴 일이 아니다. 무엇보다 우리의 삶을 힘들고 지치게 만드는 환경을 어떻게 하면 바꿀 수 있을지에 대해 남녀가 힘을 모아 대안을 마련하는 일이 시급하다. 특히 가사와 육아에 전일제 노동까지 감수해야 하는 맞벌이 가정의 주부, 즉 여성의 피로도는 우리 모두가 해결에 나서지 않으면 안 되는 중대한 사회적 문제다. 정부와 언론에서 입만 열면 이야기하는 저출산 문제도, 미래의 경쟁력 강화도 이 문제의 해결 없이는 공허한 메아리에 그칠 뿐이다.

'가정적인 남자, 일도 잘하는 여자'는 위험해

우리가 일상적으로 사용하는 성차별적 표현이 있다.

'가정적인 남자'와 '일도 잘하는 여자'라는 표현이 그렇다. 그냥 들으면 별 문제가 없는 칭찬의 말이다. 하지만 여기에는 우리가 의식하지 못하는 위험한 논리가 내포되어 있다. 가정적인 남자라는 표현에는 '밖에서 일 잘하고 돈 잘 버는 우수한 인재이면서…'라는 전제와 함께 '가정에서 벌어지는 일들은 남자가 안 해도 되는데…'라는 암묵적 동의가 깔려 있다. 다시 말하면 남자로서 당연히 해야 하는 일을 척척 잘해내면서 굳이 안 해도 되는 집안일까지 기꺼이 해주는 마음씨 착한 사람이라는 식의 논리다. 반대로 일도 잘하는 여자라고 할 때는 '가정에서 살림 잘하고 애도 잘 낳아 기르는 현모양처이면서…'라는 전제와 더불어 '바깥일도 잘할 거라는 기대까지는 하지 않았는데…'라는 생각이 담겨 있다. 응당 맡아야 할 가사와 육아뿐만 아니라 바깥일마저 척척 해내는 기특한 사람이라는 식의 논리다.

요즘 흔히 사용하는 '워라밸Work and Life Balance, 일과 삶의 균형이라는 말에서도 그런 논리의 일단을 엿볼 수 있다. 이 말은 남성에게 직장에서 열심히 일하고 퇴근해서 취미생활이나 자기계발 노력을 게

을리하지 않는다는 의미로 쓰이는 반면에, 여성에게는 회사일과 더불어 가사일도 잘한다는, 밖에서 일한다는 핑계로 살림을 소홀히 하거나 자녀교육을 등한시하지 않는다는 의미로 다가간다. 이런 상황에서 양성평등을 말하고 출산율을 높이자고 외치는 것은 지나치다 못해 잔인한 짓이다.

예전에 어른들이 농담 삼아 하던 말이 있다. '남자는 씨앗, 여자는 밭'이라는 말이다. 그러면서 밭을 잘 만나야 씨앗이 제대로 뿌리를 내리고 꽃을 피워 열매를 맺을 수 있다는 설명을 곁들였다. 웃자고 한 농담이었겠지만, 알고 보면 남자들의 무책임하고 의존적인 의식을 반영한 말이기도 했다. 씨앗만 뿌려놓으면 '좋은' 밭이 알아서 키워줄 거라는. 그러고는 열매가 좋지 않으면 하늘을 원망하거나 애먼 밭을 탓하곤 했다. 빗물에 의존하는 천수답(天水畓)에서 기대할 것은 없는데도 말이다. 씨앗을 뿌린 농부가 밭에 나가 꾸준히 살피고 정성으로 돌볼 때 가을에 풍성한 수확을 기대할 수 있다. 가정도 마찬가지다.

'최고의 직장'을 만든 프로그램

노스캐롤라이나주의 소도시 캐리에는 미국인들이 '구글도 부러워하는 직장'으로 일컫는 새스SAS Institute라는 기업이 있다. '가장 일하고 싶은 직장'을 선정할 때마다 1위를 놓치지 않는 기업이다. 단지 복리후생이 좋고 일하기에 편해서가 아니다. 사업 성적 또한 놀라울 정도다. 1976년 설립 이래 현재까지 단 한 번도 적자를 기록한 적이 없을 뿐만 아니라 매년 두 자릿수 이상의 높은 성장률을 기록하고 있다.

이 기업에서 직원들의 만족도가 가장 높은 복지 프로그램이 있다. '프리스쿨Preschool'이다. 직원들이 아이와 함께 출근해서 아이를 이곳에 맡긴 뒤 근무시간 틈틈이 방문하여 아이와 시간을 보내고 구내식당에서 점심을 먹을 수도 있다. 아이들을 위한 키즈 메뉴가 별도로 제공된다. 5시 30분에 프리스쿨이 문을 닫으면 아이를 데리고 퇴근하므로 새스에는 야근이 없다. 사내에 유치원이나 어린이집 등을 갖춘 회사는 있지만, 새스만큼 시설이 잘 갖춰져 있고 함께 교류할 수 있도록 배려하는 기업은 드물다.

새스가 처음부터 이렇게 완벽한 육아환경을 갖추었던 것은 아니다. 창업 초창기, 회사가 아직 자리를 잡지 못했을 무렵의 일이다. 유능하다고 정평이 난 여직원이 돌연 퇴사를 하겠다며 창업자 굿나이트 회장을 찾아왔다. 직장생활을 하면서 어린 자녀들을 돌보기가 너무 어렵다는 이유였다. 회장은 얼굴이 화끈거렸다. 늘 직원이 새스의 최대 자산이고 직원 만족이 고객 만족보다 우선한다고 말해온 자신이 부끄러웠다. 투자 여력이 부족했지만 예산과 업무의 최우선을 일과 육아의 병행, 업무와 자기계발의 균형에 맞추고 시설과 제도를 갖춰가기 시작했다. 처음에 6명의 아이들을 받아들인 프리스쿨은 현재 500명 이상의 아이들이 생활하는 거대한 보육기관으로 성장했다.

사무실에 아이를 데려올 수 있게 배려하는 기업까지 등장했다. 여행상품, 강좌와 공연, 익스트림스포츠 등 체험형 상품을 온라인으로 판매하는 일본 기업 소익스피어리언스Sow Experience는 아이들이 부모와 함께 출근해 사무실에서 동화책을 읽거나 장난감을 갖고 놀도록 허용했다. 이를 위해 사무실 바닥에 푹신한 매트와 카펫를 깔고 사무실의 모서리마다 보호 쿠션을 붙이고 벽에는 손잡이를 설치했다.

업무에 몰입해도 성과를 낼까 말까 한 사무실에 어린아이라니. 그래도 괜찮은 걸까? 소익스피어리언스의 창업자 니시무라 다쿠는 이렇게 말한다.

"원래 일본에서는 1층에 가게를 열고 2층에는 살림집을 두고 같은 공간에서 함께 일하고 놀고 생활해왔습니다. 지금 우리 회사의 모습이 그렇게 특별하다고 할 건 없습니다."

"회사와 가정의 완고했던 경계를 허물고 직원들의 육아를 회사가 적극적으로 돕는 것에는 크게 3가지 장점이 있습니다. 먼저, 해당 직원은 육아에 대한 부담을 덜게 됩니다, 둘째, 동료 직원은 자신도 나중에 아이를 낳으면 혜택을 받을 수 있으리라는 기대에 안심하게 됩니다. 마지막으로, 회사는 부담감을 던 직원과 안심한 직원, 둘 다를 확보할 수 있게 됩니다."

우리나라 기업들도 많이 달라졌다. 직장인 아빠가 자녀를 돌보기 위해 육아휴직을 신청하는 경우가 늘고 있고(내 주변만 해도 2년 새 3명이 휴직을 신청했다), 부모참관 수업에 엄마를 대신해 아빠가 참석하는 모습도 어색하지 않은 분위기가 조성되었다. 여기서 조금 더 박차를 가해 '집사부일체家社父一體', 즉 집에서의 아빠와 회사에서의 아빠가 다른 사람이 아니라 같은 사람이라는 사실을 모두가 받아들이고 더 나은 환경을 만들기 위해 다 같이 노력한다면 새스와 같은 꿈의 직장도 머지않아 현실이 될 것이다.

남자는 당황했고,
여자는 침착했다

interview

○+

여자들은 일을 위해 힘을 모으는 데 능한 반면에, 남자들은 힘을 모아 일을 나누는 데 능한 것 같아요. 그러니까 여자들은 모여서 함께 일하는데, 남자들은 나눠서 각자의 일을 하는 거죠. 그 차이를 콕 집어서 말하기는 힘든데, 아무튼 겉으로 보기에는 남자들이 좀 더 체계적으로 일을 분담해서 진행하는 것처럼 보일 수는 있죠.

백수연(가명, 33세 여), 전 P주식회사 고객지원실 부실장

○→

회사에서 비용을 100% 지원해줄 테니 퇴근 후나 주말에 개인 시간을 할애하라고 공지하고 인기 있는 교육 프로그램의 수강 희망자를 모집했더니, 100% 여직원들만 신청했더라고요. 큰일입니다. 요즘에는 적극성이나, 패기, 열정 면에서 남직원들이 여직원들을 못 따라가요.

최기백(가명, 49세 남), M실업 경영지원본부장 상무이사

일본은 신조어를 잘 만들어내기로 유명하다. '카프 조시ヵープ女子'라는 유행어도 그중 하나다. 번역하면 '카프의 여자', 의역하면 '카프를 응원하는 여자'라는 뜻인데, 일본프로야구NPB에서 히로시마 도요 카프広島東洋ヵープ를 응원하는 젊은 여성팬들을 지칭하는 신조어다.

도요 카프는 초거대도시megalopolis를 연고지로 하면서 최고 수준의 선수들을 싹쓸이하다시피 하는 요미우리 자이언츠나 한신 타이거스에 비하면 규모나 선수단 평균연봉 면에서 보잘것없는 만년 약체 팀이었다. 당연히 인기도 변변치 않았고 해마다 매각설이 끊이지 않았다.

그랬던 이 팀에 극적인 변화가 찾아온 것이 2013년이었다. 그해 도요 카프는 22년 만에 극적으로 포스트시즌에 진출했고, 모기업인 마쓰다는 주력 차종인 마쓰다3의 풀체인지 모델을 출시했다. 야구단에 대한 투자가 박하기로 유명했던 마쓰다는 그간의 소극적인 모습에서 벗어나 도요 카프를 중심으로 다양한 이벤트를 추진하기 시작했다. 특히 마쓰다3의 주고객층인 젊은 여성들을 겨냥한 마케팅에 막대한 금액을 쏟아부었다. 홈구장의 좁고 불편한 의자를 전면 수리하여 여성 전용좌석을 설치하고 핸드백을 걸 수 있게 만드는가 하면, 개수가 남성용 화장실의 절반도 안 되었던 여성용 화장실을 3배 이상 늘렸고, 화장을 고칠 수 있는 파우더룸 등을 추가로 설치했다. 매점에는 여성들이 좋아할 만한 간식류를 추가했고, 여성 전용 응원도구도 무료로 제공했다. 더 나아가 여성 취향의 다양한 캐릭터 상품과 유니폼 등을 새롭게 론칭했다. 도요 카프의 여성팬은 폭발적으로 늘어났고, 언론들은 앞다투어 도요 카프의 성공을 보도했다.

　도요 카프의 변신은 다른 구단들도 자극했다. 젊은 여성팬들을 야구장으로 불러들이기 위해 인프라를 갖추고 다양한 이벤트를 개최했다. 기껏해야 유니폼 레플리카와 응원도구 정도였던 기념품숍에 아기자기한 캐릭터 상품들이 넘쳐났고, 여성 치어리더들과 핑크색 옷을 입고 맥주를 배달하는 아가씨들이 전부였던 구장에 특색 있는 응원단과 예쁘고 귀여운 마스코트들이 활보하기 시작했다. 이렇게 해서 불과 3년 만에 프로야구는 일본에서 젊은 여성들에게 가장 인기 있는 프로스포츠의 하나로 급부상하게 되었다.

아재들은 다 어디로 갔을까?

우리나라에서도 프로야구에 대한 여성들의 관심과 참여가 해가 갈수록 높아지고 있다. 어느 예매사이트에서 3년간 프로야구 티켓을 구매한 관중의 연령대와 성별에 관한 통계자료를 발표했는데, 과거에 비해 가장 큰 차이를 보인 부분이 여성 관중의 비율이 폭발적으로 늘어난 것이었다. 프로야구 역사상 처음으로 남성 관중 비율59.3%이 60% 아래로 떨어진 반면, 여성은 40.7%로 '마의 벽'이라고 불리던 40%대를 넘어섰다. 30대를 정점으로 20대, 10대로 내려오면 여성 관중의 비율은 훨씬 더 높았다. 앞으로 여성 관중 비율이 더 높아질 것이라는 기대가 가능한 이유다.

　야구장 풍경도 전과 많이 달라졌다. 몰래 소주병을 감추고 들어와 5회말 무렵이면 만취해서 욕설과 오물 투척을 일삼던 4, 50대 '아재'들이 사라지고, 친구와 함께 삼삼오오 들어와 캔맥주를 손에 들고 응원하는 젊은 여성들이 자리를 차지하고 있다. 색다른 현상도 나타났다. 두산베어스는 팀의 주전선수를 위한 응원가를 여성 전용으로 만들고 남성들은 추임새 정도만 넣도록 했는데, 여성들이 응원가를 부르는 소리가 너무 크고 압도적이어서 상대팀 선수들을 주눅들게 만들기도 한다.

사라진 4, 50대 아재들은 어디로 갔을까? 그들이 옮겨간 곳은 다름 아닌 TV, 휴대폰 DMB, 야구중계앱 등이다. 여성들에게 밀려나서가 아니라 나이가 들면서 자연스럽게 현장 활동이 줄어든 결과로 볼 수 있다.

여성들이 주도적으로 참여하는 이 같은 모습은 비단 프로야구에 그치지 않는다. 축구와 농구, 배구 등의 스포츠는 물론, 문화예술이나 경제 분야에서도 활약이 두드러진다. 남성들의 전유물로 통했던 정치 분야에도 여성들의 진출이 빠르게 늘고 있다.

'알파걸'은 이미 있었다

체력이나 업무 능력, 경제력, 사회 권력 면에서 약자로 인식되었던 여성이 주체로 나서서 탁월한 역량을 과시하는 모습이 확산되면서 이와 관련한 신조어들이 만들어지기 시작했다. 대표적으로 '골드미스Gold Miss'를 들 수 있다. 30대 이상의 노처녀를 일컫는 단어인 '올드미스Old Miss'에 나름의 경제력을 갖추어 자신의 삶을 적극적으로 즐길 줄 안다는 의미가 결합하여 만들어진 단어다.

골드미스는 이후 파생을 거듭하여 또 다른 신조어들을 탄생시켰다. '나오미족', '줌마렐라', '헤라' 등이다. 나오미족은 'Not Old Image'의 발음 앞글자를 따서 만든 단어로 패션이나 인테리어를 중심으로 자신만의 라이프스타일을 가꾸는 30대 후반에서 40대 중반의 여성을 가리키고, 줌마렐라는 '아줌마'와 '신데렐라'를 합성하여 젊은 세대 못지않게 외모와 자기계발에 투자하는 40대 기혼여성을 일컫는다. 그리스신화 속 최고 여신의 이름과 같은 헤라HERA는 주부Housewives 중에서 고등교육을 받았고Educated, 다시 교육을 받고자 하며Reengaging, 활동적인Active 여성이라는 의미의 영어 앞글자를 조합한 단어다.

일본에서는 '하나코상ハナコさん'이라는 단어가 대세다. 도쿄또는 인근의 대학을 졸업하고 대기업에서 3년 이상의 경력을 쌓은 2, 30대 독신 여성을 가리키는데, 이들이 즐겨 읽는 잡지가 〈하나코HANAKO〉라고 해서 붙여진 이름이다. 전형적인 일본인과 달리 타인의 시선보다 자기 자신의 생각을 중시하고, 아직 오지 않은 미래보다 눈앞에 펼쳐진 오늘의 삶에 더 충실하려는 경향을 보인다. 중국에서는 '성뉘剩女'가 유행이다. '남은 여성', '떨이녀' 정도로 번역되지만, '성스러운 여성'을 뜻하는 '성뉘聖女'와 발음이 동일해서 일반인이 함부로 범접할 수 없는 '성녀'처럼 눈이 높고 까다로워 혼인시장에 나오지 않는 여성을 지칭한다. 우리의 골드미스와 거의 같은 개념이다.

이들 신조어들은 한 가지 공통점이 있다. 여성의 능력보다는 결혼과 관련한 생각이나 태도 또는 소비행위 위주로 여성을 평가하고 판단하여 만들어진 단어라는 점이다. 대부분 마케팅 전문가나 광고 업체에서 만들어졌다는 점도 여기에 기인한다. 능력보다 구매력에 초점을 맞춘 것이다.

그러나 그런 '편견'도 사라지고 있다. 단순히 구매력이 아닌 실제 능력을 바탕으로 남성은 물론 기존의 여성과도 구별되는 새로운 여성상이 등장했기 때문이다. 대표적인 단어가 '알파걸Alpha Girl' 이다. 알파걸은 공부면 공부, 직장생활이면 직장생활, 취미면 취미 등 거의 전 영역에 걸쳐 강한 성취욕과 뛰어난 실력을 갖춘 여성을 뜻한다. 미국 하버드대에서 아동심리학을 연구하던 댄 킨들런Dan Kindlon 교수가 그의 책《알파걸 : 새로운 여자의 탄생》에서 처음 사용한 이래 10년도 되지 않아 전 세계적으로 유행하는 단어가 되었다. 그 배경에는 알파걸이라는 단어가 나오기 훨씬 전부터 자신의 능력을 십분 발휘하고 있던 탁월한 여성들이 있었다. 우리가 그 이름을 불러주지 않았을 뿐이다.

위기에 대응하는 남녀의 자세

그럼에도 불구하고 여성을 바라보는 시각은 고정관념의 벽을 완전히 깨지 못하고 있다. 아직도 '여자는 남자보다 부족하다'거나 '부족해야 한다' 또는 '부족하다고 여겨져야 한다'는 인식이 남아 있다.

2018년 7월 말, 대학입시를 비롯한 일본 교육의 전반을 담당하는 문부과학성이 발칵 뒤집혔다. 명문 의과대학 중 하나인 도쿄의과 대학에서 입시부정을 벌인 사실이 밝혀졌기 때문이다. 우스이 마사

히코 이사장은 여성 응시자들에게만 감점을 부여하는 방식으로 여학생들의 합격률을 떨어뜨렸다. 전체 응시자 중 합격률이 남성 응시자는 8.8%, 여성 응시자는 2.9%였다. 누가 봐도 명백한 입시부정이었다.

사람들을 더 경악하게 한 것은 우스이 이사장의 입장 발표였다. 그는 입시 관리에 다소 문제점이 있었던 것은 시인했으나 학교 발전을 위한 불가피한 결정이었을 뿐 다른 불순한 의도는 전혀 없었다고 주장했다. 고학년으로 올라갈수록 여학생들의 학습 능력이 떨어지고, 수련의 과정을 거치는 동안 임신, 출산, 육아 등으로 전문의가 되지 못할 가능성이 크며, 전문의가 되어서도 학교 발전에 기여하기보다는 개인 목표에만 집중한다는 것이 그가 말한 입시부정의 '불가피한' 사유였다. 하지만 실제는 달랐다. 신입생들의 입학 성적은 여성이 월등히 높았으며, 학년이 올라갈수록 여학생들의 성적이 떨어진다는 구체적 증거도 없었고, 수련의 성적과 전문의 합격률 또한 여학생들이 남학생들에 비해 결코 뒤처지지 않았다. 오히려 몇몇 분야에서는 여학생들의 학업과 수련 성적이 남학생들을 압도한 것으로 드러났다.

더 이상 제2, 제3의 우스이 마사히코가 나와서는 안 된다. 여성은 부족하지 않고 충분히 강한 존재이기 때문이다. 여성의 강함은 위기 때 더욱 빛을 발하기도 한다.

스위스 생갈대 행동심리학과 교수인 알렉스 크루머Alex Krumer 박사 연구팀은 2010년에 열린 프랑스오픈, 호주오픈, US오픈, 윔블던 등 4대 그랜드슬램 테니스대회에서 나온 첫 세트 서브 8,200여개를 모두 조사했다. 조사 전 연구팀이 세운 가설은 다음과 같았다.

- 세계인의 이목이 집중된 그랜드슬램 테니스대회에 참가하는 선수들의 압박감은 상당할 것이다.
- 그중에서도 게임 전체의 분위기를 좌우하는 첫 세트 서브를 할 때 압박감은 훨씬 더 클 것이다.
- 따라서 '첫 서브'의 성공률이 높은 집단은 다른 집단에 비해 경쟁 상태의 압박감을 훨씬 더 잘 이겨낼 것이다.

위의 가설하에 진행된 조사에서 그들이 비교한 집단은 남자와 여자였다. 실험 결과는 놀라웠다.

게임 스코어 4 대 4의 상황에서 다시 동점이 되고 결국 서브 하나에 세트를 가져가느냐 뺏기느냐의 상황에 몰리게 되면 남자 선수들의 서브 실패율은 일반적인 상황보다 약 7%가량 높았다. 반면 같은 상황에서 여자 선수들의 서브 실패율은 일반적인 상황과 전혀 차이가 없었다. 즉, 경쟁이 고조되거나 위기 상황에 몰려 압박감이 심해지면 남자들이 당황하여 실수할 가능성이 여성보다 7%가량 높은 셈이다.

숨막히는 경쟁의 압박감에 여성이 더 강한 면모를 보여주는 사례는 또 있다. 2차 세계대전 당시, 영국의 레이더 기지에 여성 오퍼레이터들이 있었다. 그들은 레이더 판독 결과를 토대로 독일군 전투기의 위치와 이동 속도를 분석한 뒤 영국 전투기에 출격 시점을 알려주고 방공부대에 포격을 지시하는 역할을 맡았다. 전쟁이 끝나고 나서 여성 오퍼레이터들과 남성 오퍼레이터들의 자료분석 성공률을 비교했는데, 여성들의 분석과 공격 시점의 정확도가 남성들에 비해 월등하게 높은 것으로 나타났다.

당시 오퍼레이터들을 이끌었던 지휘관의 증언에 따르면 남녀 오퍼레이터들 모두 훈련의 강도나 업무 수준이 비슷했는데, 독일군이 공습해오는 위기 상황이 되면 대응 모습이 달랐다고 한다. 여성 오퍼레이터들이 훨씬 더 차분하고 안정된 모습으로 상황을 관찰하고 데이터를 분석했다는 것이다. 남성 오퍼레이터들은 겁에 질리거나 흥분하여 방공포의 사정거리 안에 채 들어오기도 전에 독일군 전투기에 대한 포격 지시를 내렸는데 반해, 여성 오퍼레이터들은 최대한 사정거리까지 끌어들인 뒤 침착하게 포격을 지시하고 영국군 전투기에는 우회로를 알려주어 적의 후미를 기습하도록 유도했다. 2차 세계대전의 승리 뒤에는 이처럼 위기 상황에 강한 여성들이 있었던 것이다.

그렇다. 여성은 강하다. 위기 상황에서는 더욱 그렇다. 그리고 앞으로는 더욱 강해질 것이다. 모든 분야에서 여성들의 참여가 활발해졌을 뿐 아니라, 이미 많은 분야에서 남성들보다 뛰어난 능력과 성과를 보이고 있다.

남성들은 이제 결단을 내려야 한다. 여성들의 적극적 활동과 두드러진 활약을 두고 경쟁이 심화되었다며 밀어낼 것인가, 아니면 든든한 파트너가 생겼다고 좋아할 것인가? 선택은 자유다. 그러나 그 결과에 대한 책임은 사뭇 다를 것이다.

여자가 일하면
출산율이 떨어진다?

interview

♀

기혼 여성들한테 "남편이 집안일을 잘 도와주느냐?"고 곧잘 묻는데, 질문 자체에 '집안일'은 아내 몫이라는 전제가 깔려 있는 거잖아요. 저희 집에서는 그냥 '한다'고 말해요. 집안일은 남편도 '하고' 아내도 '하죠'. 여성의 사회진출 확대? 그거는 밖에서가 아니라 집에서부터 시작되는 겁니다. 김나리(가명, 34세 여), P주식회사 금융팀 주임

♂

저희는 철저히 실용적으로 접근하기로 했는데요, 남자가 잘할 만한 일은 제가 하고, 여자가 잘할 만한 일은 아내가 하기로 했어요. 예를 들어 힘쓰는 일이나 위험한 일은 제가, 섬세함이 필요한 일은 아내가 맡기로 했지요. 문제는 똑 부러지게 구분할 수 있는 일들이 많지 않고 노동량도 비슷하지 않다는 겁니다. 아무래도 아내에게 과중하게 일이 몰리죠. 그것을 다시 어떻게 적절히 배분하느냐가 앞으로 아내가 사회활동을 계속할 수 있을지 없을지를 좌우하는 중요 요소일 것 같습니다.

조수호(가명, 38세 남), K자동차 생산기술부서 차장

2015년 가을. 캐나다의 신임 총리 쥐스탱 트뤼도가 신임 내각을 발표했다. 30개 부처를 이끌 장관들의 리스트를 본 전 세계 언론들은 일제히 놀랍다는 반응을 보였다. 그도 그럴 것이 정확히 5 대 5 즉, 여성 장관 15명에 남성 장관 15명이었던 것이다. 심지어 민주제도부Democratic Institutions 장관으로 임명된 메리엄 몬세프의 나이는 겨우 30세로 아프가니스탄 난민 출신이었다.

남녀 동수의 내각은 여성의 사회적 참여가 활발한 캐나다 사회에서도 다소 충격이었던 모양이다. 트뤼도 총리에게 그 의도를 묻는 질문이 쏟아졌다. 트뤼도 총리는 별일 아니라는 듯 무덤덤하게 대답했다.

"2015년이잖아요Because it's 2015."

과연 그럴까?

먼 나라 여성 나라

정말로 2015년의 캐나다처럼 세상도 바뀌었을까?

그보다 조금 이른 2015년 2월. 세월호 참사와 그에 대한 부실 대처로 여론이 들끓자 대한민국 청와대에서도 개각 카드를 꺼내들었다. 먼저 총리를 교체한 뒤(당연히 남자였다), 그가 제청하는 방식으로 소폭의 개각을 단행했다. 물러난 4명의 장관은 모두 남자였고, 그들의 자리를 차지한 신임 장관들도 남자였다. 그렇게 변화를 꾀한 정부부처의 장관들은 1명을 제외하곤 모두 남자였으며, 그 1명의 자리 또한 다른 부처가 아닌 여성가족부장관이었다.

2013년 3월 8일 '세계 여성의 날'을 맞아 영국의 경제주간지 〈이코노미스트Economist〉가 '유리천장지수Glass-Ceiling Index'를 발표했는데, 한국은 14점으로 26개국 중 꼴찌를 기록했다. 우리나라에 눈에 보이지 않는 차별이 심각하다는 평가였다.

물론 진일보한 면도 있었다. 2018년 UN개발계획UNDP이 189개국을 대상으로 발표한 성불평등지수Gender Inequality Index에서는 한국이 10위0.063로 준수한 성적을 거두었다. 이는 아시아에서 남녀평등 수준이 높기로 유명한 싱가포르0.067보다도 더 양호한 결과로, 일본0.103과 중국0.152 등을 제치고 아시아에서 가장 높은 순위를 차지했다.

문제는 1위를 차지한 스위스0.039와 2위를 차지한 덴마크0.040, 3위를 차지한 스웨덴0.044 등의 경우 여성의 권한과 경제활동참가율이 고르게 높게 나온 반면, 한국은 비록 10위를 차지하기는 했지만 지수에 부정적 영향을 미치는 모성 사망비, 청소년 출산율 등의 급감과 긍정적 영향을 미치는 중등교육 이상의 교육을 받은 성별인구 비율 등의 급증에 따라 일시적으로 상승한 결과일 뿐 정치활동과 같은 여성의 권한 증대나 경제활동참가율은 여전히 답보 상태라는 점이다.

정녕 '2015년이잖아요'는 우리와는 상관없는 먼 나라의 이야기에 불과한 걸까?

M자형 탈모를 막아라

흔히 노동인구를 분류할 때 사용하는 기준이 있다. 먼저 15세에서 65세 미만 사이의 인구를 '생산가능인구'라고 해서 사회적 부를 창출하는 주체로 인정한다. 생산가능인구는 돈벌이 등의 경제활동을 하는 '경제활동인구'와 그렇지 않은 '비경제활동인구'로 나뉘며, 경제활동인구는 다시 현재 일을 하고 있는 '취업자'와 그렇지 않은 '실업자'로 구분된다. 비경제활동인구와 실업자는 일을 하지 않는다는 점에서는 같다고 볼 수 있지만, 일을 하지 않아도 구직활동을 하고 있어 향후 취업이 기대되는 실업자와 달리 비경제활동인구는 아예 구직활동을 포기하거나 현실적으로 할 수 없는 사람들을 지칭한다. 전업주부나 15세 이상의 미취업 학생이 이에 해당한다.

고용률은 생산가능인구 중 취업자의 비율이고, 경제활동참가율은 생산가능인구 중 경제활동인구의 비율이다. 남성의 경제활동참가율을 그래프로 나타내면 대개 능선처럼 완만한 역U자 곡선을 보이는데, 20대 중반에 산업전선에 뛰어들어 일하다가 40대 중반 무렵부터 슬슬 자의반 타의반으로 자리에서 물러나기 시작하여 60세가 넘어가면 소수의 사람들을 제외하곤 노동시장에서 완전히 사라지는 패턴을 그대로 보여준다. 반면 여성의 경제활동참가율은 조금 다른데, 살펴보면 중간에 푹 꺼진 부분이 발견된다. M자형 탈모(脫毛)라고 부르는 그 형태와 유사하다.

> **남녀 연령별 경제활동참가율**

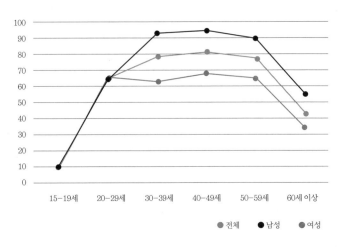

* 출처 : 통계청, '성/연령별 경제활동인구 비율', 2018

30~39세의 연령대에서 여성의 경제활동참가율이 급격히 하락하는 데, 결혼과 육아에 따른 영향이 크다. 최근 들어서 남성의 경제활동 참가율처럼 점차 완만한 역U자 곡선 형태에 가까워지고 있다고는 하나 아직 가야 할 길이 멀다.

이 곡선은 여러모로 시사하는 바가 크다. 국가별로 조금씩 다르지만 곡선의 전체 모양은 대부분의 국가OECD 국가들이 비슷하다. 그러나 몇몇 국가는 남성과 여성의 곡선에 차이가 거의 없다. 오히려 특정 연령대에서는 여성이 남성을 상회하는 비율을 보이기도 한다. '그들' 국가는 북미와 북유럽의 국가들이다.

저출산 문제를 해결하는 최선의 방법

우리는 그동안 여성이 적극적으로 경제활동에 뛰어들면 출산율이 떨어진다고 생각해왔다. 그러나 여성의 경제활동과 출산율의 반비례 관계는 어디에서도 입증된 바가 없다. 오히려 반대다. 경제활동이 미흡하거나 실업률이 높은 경우 여성들이 결혼이나 출산을 미루는 현상이 관찰되었다.

OECD 회원국들을 대상으로 여성의 경제활동참가율이 출산율에 미치는 영향을 분석한 결과, 여성의 경제활동참가율이 10%포인트 증가하면 합계 출산율이 0.12에서 최대 0.2까지 증가하는 것으로 나타났다. 우리나라의 합계 출산율은 2015년 1.24 정도이고, 일본은 1.46이었다. 정부에서 저출산 문제를 해결하기 위해 다양한 노력을 기울이고 있지만 효과가 미미한 상황에서 최선의 방안은 여성의 경제활동참가율을 끌어올리는 것이다.

출산율만큼이나 심각한 사회문제로 떠오른 고령화 역시 여성의 경제활동 참여 확대를 통해 그 실마리를 찾을 수 있다. 고령화로 생산가능 노동인력은 날로 줄어들고 노령인구 부양을 위한 사회적 비용은 크게 늘어나는 현실에서 여성의 경제활동 참여 기회를 늘린다면 노동인력 확충과 더불어 경제에 활력을 불어넣음으로써 저성장 구도에서 탈출할 수 있는 계기를 마련할 수 있다.

한때 급속한 고령화로 경기 침체와 사회적 역동성 부족 등의 골머리를 앓던 북유럽 국가들은 양성평등과 모성보호 정책, 사회적 육아지원 방안을 마련하는 한편, 남성들의 가사노동 분담을 적극 권장함으로써 사장되어 있던 양질의 여성 인력들이 활발한 활동을 펼칠 수 있는 기반을 조성하여 조기에 경기를 회복시킬 수 있었다. 프랑스 역시 독신여성 비율의 증가와 유럽 최저의 출산율 등으로 인구 고령화가 빠르게 진행되었으나, 출산 친화적 세금제도와 공공보육 프로그램 및 주4일제 근무 등으로 여성들의 근로환경을 개선하여 고령화에 따른 문제들을 극복한 경험이 있다.

'유리천장'의 문제를 해결하는 일도 시급하다. 국내의 모 그룹에 재직 중인 여성 150여 명을 대상으로 심층 인터뷰를 진행한 결과, 여성의 장기근속과 직무만족도 등을 저해하는 요인으로 결혼과 육아의 어려움에 이어 '롤모델의 부족'을 꼽았다. 사내에 배우고 따를 만한 인물이 별로 없다는 것이다. 일단은 고위직 여성이 드물고, 있다 하더라도 너무 바빠 배움을 청하기 어려우며, 네트워크를 맺으려고 해도 어느새 다른 사람으로 교체되어버리는 경우가 허다하다고 했다. 이는 이 그룹만의 현상이 아니라 대부분의 기업들에서 쉽게 확인할 수 있다. 과거보다 나아졌다고 하나 아직도 일반 사원으로 입사한 여성이 올라갈 수 있는 직급은 팀장 정도이고 더 올라간다 해도 이사나 상무 자리에서 멈추게 된다. 누군가의 우스갯소리처럼 "승진을 가로막는 유리천장을 없애달라고 했더니, 일단 승진시켜서 유리천장 위에 올려놓고 빤히 쳐다보다가 조금이라도 실수하면 바로 천장을 깨버리고 추락시키는" 일도 벌어진다.

우리가 아는 것보다 더 단단한 유리천장을 깨부수는 가장 효과적인 방법은 법제화다. 스웨덴은 2009년부터 기존의 차별방지법보다 더 강력한 차별방지법을 시행하여 기대 이상의 성과를 거두었다. 성별에 따른 차별은 물론이거니와 성적 지향이나 정체성의 표현 유무에 따른 차별 역시 금지하여 이를 위반한 기관이나 기업에 막대한 벌금이 부과되도록 해놓았다. 우리나라에서는 2007년 노무현 정부에서 차별금지법안이 발의되었지만 사회적 합의를 보지 못한 채 상정 폐기되거나 이익단체들의 반대로 누더기 법안이 되어 현재까지도 법제화되지 못한 상태로 있다.

우리에게 남아 있는 유리천장은 강하고 질기다. 이젠 열린 하늘을 보며 시원하게 숨 쉴 때도 되었다. 지금은 2015년도 훨씬 지난 때이니까.

POSTLUDE

남사친, 여사친에 우리가 풀고자 하는
문제의 답이 들어 있다.
상대가 남자이건 여자이건 상관없이
'사람을 사람'으로 대하면 되는 것이다.

왜 '여성 1호'는
사표를 썼을까?

interview

♀

여성들의 문제를 있는 그대로 봐줬으면 좋겠어요. 술에 약한 남자 직원이 전날 회식에서 과음하여 다음 날 결근했다고 '남자가 못 이기는 술을 왜 그렇게 마셔가지고'라고는 하지 않잖아요? '술에 약한 사람이 술을 많이 마신 거'라고 생각하지요. 그런데 같은 경우라도 여자가 그러면 술에 약한 사람이 아니라 바로 '여자가…'라고 하죠. 아직도 안 변했어요.

오정아(가명, 31세 여), D미디어 외주개발팀 과장

♂

성공한 여성들 중에 자신의 성공을 여성의 성공으로 부각하는 것에 병적인 거부감을 갖고 있는 이들이 있어요. 그래도 계속 알려야 한다고 생각해요. '우리 여성도 이렇게 잘한다. 아니, 너희가 방해만 하지 않으면 훨씬 더 잘할 수 있다!'고 말이지요.

허진욱(가명, 44세 남), T아카데미 대표원장

조직문화 관련 전문 컨설팅을 제공하는 1인 기업을 설립한 정지희가명, 51세 여성 대표는 전에 재직했던 모 글로벌 기업 한국법인에서 매번 '여성 1호'라는 타이틀을 놓쳐본 적이 없었다. 입사할 때부터 '한국법인 설립 이래 최초의 공대 출신 여성 입사자'라는 타이틀을 시작으로 '한국법인 최초의 여성 팀장', '한국법인 최초의 여성 임원'에 이어 '한국법인 출신 여성 최초의 글로벌 임원' 타이틀까지 거머쥐었다. 그리고 퇴사하기 2년 전에는 그토록 꿈꾸던 '한국법인 최초의 여성 CHO Chief Human Resource Officer' 타이틀까지 달았다. 그 페이스대로라면 한국법인의 남성 임원들조차 달아보지 못한 '최초의 본사 CHO' 타이틀도 불가능하지 않을 듯 보였다. 그러나 그는 과감하게 조직생활을 정리하고 창업의 길을 택했고, 그 선택에 만족하고 있다.

'여자'라는 스트레스

다양한 이유가 있었겠지만, 그가 창업을 선택한 가장 큰 이유는 '무슨무슨 1호 여성'이라는 타이틀이 주는 중압감과 그에 따라붙는 온갖 시선과 편견 때문이었다.

그가 무언가를 할 때마다 항상 주위에서는 '여자가~'라는 말을 앞에 붙였다. 잘하거나 못하거나 항상 그랬다. 처음 한때는 여성에 대한 배려이거나 신기해서 그러는 거려니 생각하고 넘어갔다. 직급이 올라가고 경륜이 쌓이면서부터는 한 귀로 듣고 한 귀로 흘려버렸다. 그러나 그럴수록 내적 스트레스가 커졌고, 결국 퇴직 후 개인 사업을 하는 길을 선택하게 되었다.

개방적인 성격에 문제가 생겨도 마음에 담지 않고 바로 털어버리는 성향이었음에도 불구하고 정 대표가 이 정도의 스트레스를 받았다면 다른 여성 직장인들이 받게 될 스트레스는 말하지 않아도 충분히 짐작할 수 있다.

> **직장 내 여성들에 대한 남성들의 고정관념**

고정관념 종류	%(동의)
중간보고를 할 줄 모른다	82.8
자기 잘못이나 실수를 인정하기보다 변명하려 한다	82.2
지각을 자주 하는 경향이 있다(약속에 자주 늦는다)	81.7
지시에 따라 정해진 일만 하려 한다	81.5
직장 동료보다는 여자로 행동하려 한다	80.1
궂은일을 잘 하려 하지 않는다	78.9
직업의식이 부족하다	78.6
회사생활을 하면서 개인 돈을 잘 쓰지 않는다	77.7
장기적인 안목보다는 눈앞의 이익에 집착한다	76.4
감정 조절이 잘 안 된다	73.7
잘 운다	70.9
스트레스에 대한 내성이 약하다	70.7
개인적으로 코드가 맞는 사람을 업무 관련성보다 더 중시한다	69.7

* 출처 : 여성리더십연구원, 10개 대기업 임직원 2,790명 대상 조사, 2012

여성 직장인들에게 스트레스를 주고 그들을 조직으로부터 밀어내는 고정관념의 종류는 다양하다. 조사 주체에 따라 일부 순위가 다르기는 하지만, 대략적으로 '이성보다는 감성적이다', '논리적이지 못하다', '책임감이 부족하다', '조직의 생리를 거스른다'가 늘 상위권을 차지한다. 그러나 이들 고정관념은 구체적이고 논리적인 근거가 없다. 실제로 겪은 사례를 요구하면 딱히 뾰족한 답을 내놓지 않는다. 즉, 대부분이 '여자들이 회사에서 아마도 그럴 것'이라고 넘겨짚고 입에서 입으로 전해온 말에 따라 자신의 생각을 고착화한 것이다.

사람은 무엇으로 움직이는가

1968년, 미국 하버드대 사회심리학과 교수인 로버트 로젠탈Robert Rosenthal 박사는 샌프란시스코의 한 초등학교 아이들을 대상으로 실험을 진행했다. 지능검사를 실시한 후 교사들에게 일부 학생의 명단을 전달하며 "이 아이들은 특별히 지능이 높아 성적이 오를 가능성이 높습니다"라는 말을 덧붙였다. 그리고 8개월 후 다시 학교를 찾아 전체 학생들의 성적과 '지능이 높은 학생들'이라고 지목한 학생들의 성적을 비교했더니 지목을 받은 아이들의 성적이 크게 향상되었다. 이 실험에는 속임수가 있었다. 실제 지능검사 결과와 상관없이 명단을 작성한 것이다. 다시 말하면, 다른 아이들과 큰 차이가 없었음에도 불구하고 지능이 높아 성적이 오를 것이라는 기대를 심어준 결과가 긍정적 변화를 만들어낸 것이다. 이후 이와 같은 현상을

'로젠탈 효과Rosenthal Effect'로 일컫게 되었다.

또 다른 실험도 있다. 성인 학습자들을 상대로 간단한 과제를 부여한 뒤 그 결과물에 대해 한쪽 그룹에는 일상적인 피드백을, 다른 그룹에는 부정적인 피드백을 제공했다. 그런 식으로 세 차례 이상 과제 평가가 이어지자 연속해서 부정적인 피드백을 부여받은 그룹은 내부에서 다툼이 일어나고 과제 해결을 위한 논의에서 이탈하는 구성원이 발생하여 전체적인 과제 해결 능력 역시 뒤처지기 시작했다. 이른바 '골렘 효과Golem Effect'다. 골렘은 16세기에 랍비 로위가 정리한 유대인 신화 속에 나오는 상상 속의 존재로, 사람의 형상을 본떠 진흙으로 만들었다고 한다. 골렘은 원래 핍박받는 유대인들을 보호하기 위해 만들어졌으나, 이후 자신의 막대한 힘을 주체하지 못하고 흉포한 성격으로 변해 세상을 파괴하는 괴물이 되었다. 심지어 자신을 만들어준 유대인들까지 공격했다. 그로부터 교사나 리더가 부정적인 피드백을 지속적으로 제공할 경우 학생의 성적과 직원의 성과가 떨어지는 현상을 골렘 효과라 칭하게 되었다.

미국의 한 경영대학원에서 조금 다른 실험을 실시했다. 학생들에게 남녀로 짝을 지어 바이오 연구시설 매입과 관련한 협상을 진행하라고 지시했다. 절반의 학생들에게 '여성은 매사에 적극적이지 않고, 판단할 때 합리적이지 않으며, 의사결정할 때 결단력이 없고 단호하지 않으며 침착하지도 않기에 좋은 협상가가 될 수 없다는 것이 일반적인 고정관념'이라는 정보를 제공했다. 다른 절반에게는 그러한 고정관념을 주입하지 않았다. .

그후 협상 결과를 분석해보니 그릇된 고정관념을 주입한 집단이 그렇지 않은 집단보다 훨씬 형편없는 결과를 낸 것으로 나타났다. 우선 파트너인 남성들이 자신의 여성 파트너에게 비협조적인 모습을 보였다. 대답이 없으면 협상에 소극적이라고 비난했고, 잠시라도 생각에 잠기는 모습을 보이면 우유부단하다고 지적했다. 빠른 판단에는 충동적으로 하지 말고 이성적으로 판단하라는 충고를 하기도 했다. 그러다 보니 대화는 짧고 발전적이지 못했으며, 서로가 불만족스러운 협상안을 제시하거나 지레 포기해버리고 말았다.

더 큰 문제는 여성이었다. 여성들은 사전에 주입된 정보들이 편견에 치우쳐 있다는 사실을 인지하고 있었음에도 불구하고 일을 추진하는 데 가장 필요한 능력의 하나인 '작업기억Working Memory. 외부에서 수집된 정보를 저장하고 관리하는 능력의 활동이 눈에 띄게 저하되었다. 고정관념대로 적극적이지 못하고, 합리적이지 않으며, 결단력과 단호함이 없는 그저 그런 사람으로 변해버린 것이다. 어떻게 된 것일까?

여성에 대한 고정관념이 정보로 제공되는 순간, 여성의 정신적 자원은 그 고정관념이 틀렸음을 입증하는 데 몽땅 투입되는 것으로 관찰되었다. 즉, 일을 해야 하는 뇌가 고정관념을 의식하고 그것을 부정하는 데 에너지를 소모해버린 것이다.

남녀관계 문제의 근본 해법

고정관념 자체도 그렇지만 입 밖으로 나온 고정관념의 표현은 더 무서운 힘을 발휘한다. 무언가를 단정지어 '이건 이렇다'라고 하거나

'이건 이래서 안 돼'라고 하면 그것이 일반의 상식이 되고 사회적 통념이 되어 자신도 모르게 굳어진 사실로 받아들이게 된다. 수십 년간 한국 사회의 발목을 잡아온 지역감정이 그랬고, 학력 차별을 불러온 학벌주의가 그랬으며, 지금 우리가 이야기하는 직장 내 남녀 문제 또한 그랬다.

과거에 여성을 비하하거나 모욕하려고 종종 붙여 쓰던 말이 있었다. '~년'이라는 말이다. 좋지 않은 단어에 붙여 욕설로 쓰였는데, '~놈'이 사내에게 애칭 비슷하게 사용되었던 것에 비해 강한 모욕의 의미를 담고 있었다. 그런데 몇 년 전부터 또 다른 악의와 저주가 담긴 말이 등장했다. '~녀'라고 해서 여성들을 싸잡아 비하할 때 쓰기 시작한 것이다. '김치녀', '된장녀'가 대표적이다.

~녀가 ~년과 다른 점은 ~년 앞에 붙은 단어가 그 자체로 모욕의 의미를 나타낸다면, ~녀 앞의 단어는 좋은 뜻, 나쁜 뜻 가리지 않고 무차별적으로 쓰인다는 것이다. 된장녀도 있지만 '베이글녀'도 있는 것이다.

이러한 조어造語의 무분별적 사용이 문제의 심각성을 갖는 이유는 여성이라는 성별에 대한 고정관념, 단정짓기, 낙인 등을 조장하기 때문이다. 지하철에서 자신의 반려견이 싼 대변을 치우지 않고 자리를 뜬 사람은 비난받을 수 있지만, '개똥녀'라는 이름을 붙여 '~한 여자'라는 프레임을 만들어 씌우면 문제가 커지고 복잡해진다. 기분이 상했다고 연로한 어른에게 폭언을 일삼는 이에게 '막말녀'라고 부르는 순간, 이 문제는 한 개인의 일탈이 아닌 여성 특유의 특성이 불러온 문제로 인식될 수 있다.

유형	실제 사례
관용화된 성적 상징	형제애, 효자상품, 바지사장, 사모님식 투자, 얼굴 마담 등
불필요한 성의 강조	여류 명사, 여의사, 여성 총리, 남자 간호사, 남자 미용사 등
고정관념적 속성 강조	앳돼 보이는, 동거녀, 앙탈 부린다, 야들야들, 내연녀, 꼬리친다 등
선정적 표현	쭉쭉빵빵, 섹시 가슴, S라인, 울끈불끈, 가슴근육 등
특정 성 비하	여편네, 부엌데기, 솥뚜껑운전수, 제비족 등

* 출처 : 국립국어원-한국여성정책연구원 공동연구 결과, 2008

오스트리아 출신의 영국 철학자 비트겐슈타인은 "내가 사용하는 언어의 한계가 내가 사는 세상의 한계를 규정한다"고 말했다. 우리가 '여성은 저래', '남성은 이래'라고 단정지어 내뱉는 말이 우리의 관계를 왜곡시키고 넘어서기 힘든 한계를 설정하는 것이다.

한때 남자와 여자가 함께 다니면 무조건 사귀는 사이로 간주하던 시절이 있었다. 아무리 아니라고 해도 사람들은 둘을 연인관계로 몰아갔다. 순진하다고 해야 할지, 몽매하다고 해야 할지 아무튼 남녀관계를 보는 시각이 그랬다. 지금은 달라졌다. 미혼의 남녀는 물론 결혼한 남녀도 친구로 지낼 수 있다는 인식이 보편화되었다(물론 인정할 수 없다는 이들도 있다). 그래서 나온 말이 '남사친남자사람친구', '여사친여자사람친구'이다. 애인이 아니면서 친하게 지내는 이성을 부르는 말이다(남녀 구분 없이 그냥 '친구'라고 부를 날도 머지 않은 것 같다). 그런데 바로 이 남사친, 여사친에 우리가 풀고자 하는 문제의 답이 들어 있다. 상대가 남자이건 여자이건 상관없이 '사람을 사람'으로 대하면 되는 것이다. 사람을 남녀로 갈라서 다르게 대하려 하는 것에서부터 남녀관계의 문제가 파생된다고 볼 수 있다.

남자든 여자든 사람으로 부르고 대하면 될 일이다. 일도 마찬가지다. 남자의 일과 여자의 일을 따로 구분하지 말고 모두가 사람이 하는 일, 우리가 하는 일로 바라보고 협업의 파트너로 여기면 될 것이다.

원팀은
어떻게
완성되는가

interview

♀

그동안 많은 노력을 통해 양성평등과 관련한 다양한 개선이 이루어진 점은 인정해요. 그런데 '문제가 생길까 봐 어쩔 수 없어서', '내키지 않지만 사회적 지탄을 받을까 봐' 억지로 이루어진 측면도 없지 않은 것 같아요. 남녀 모두 좀 더 자발적이고 적극적으로 나서야 할 필요가 있다고 봐요.

김명희(가명, 33세 여), C여자고등학교 진로상담 및 학원폭력신고센터 지도교사

♂

아직도 양성평등활동이 경영자나 담당 부서의 생각만 반영할 뿐, 실질적 주체인 '젊고', '어리고', '직급이 낮은' 여성들의 생각을 담아내고 있지 못하는 것 같아요. 그런 부분에 대한 세밀한 접근도 고민해야 할 때라고 봅니다.

조수범(가명, 51세 남), 외국계 S기업 아태지역 주재임원 및 한국법인장

양성평등 운동가이면서 대학에서 강의하는 C교수에게서 들은 이야기다.

C교수는 몇 해 전 기업을 경영하는 K사장으로부터 전화 한 통을 받았다. 얼마나 화가 났는지 격앙된 목소리였다. 왜 그러느냐고 물으니 한 달 전쯤 퇴사한 여직원이 자신의 전 상사를 성추행 혐의로, K사장을 성추행 방조 혐의로 관련 기관에 고발했다는 것이다. K사장은 어떻게 대처하면 좋을지 물어보려고 전화했다고 했다.

바퀴벌레 숫자의 비밀

C교수는 자신이 아는 범위 내에서 대처 방법을 알려준 뒤 한마디를 덧붙였다.

"K사장님, 혹시 '바퀴벌레 숫자의 비밀'에 대해 아시나요? 한 마리가 눈에 보여 얼른 잡았는데, 며칠 뒤에 또다시 보이는 이유 말이죠. 바퀴벌레는 한 마리가 발견되면 보이지 않는 곳에 최소한 수십 마리 이상 있다고 봐야 합니다.

그런데 성 관련 사고가 바퀴벌레 숫자의 비밀이랑 비슷해요. 단지 보이는 사람만 처벌하고 넘어가는 게 능사가 아닙니다. 이번 기회에 보다 본질적인 부분을 살펴서 조치하는 게 좋겠습니다."

하지만 K사장은 듣는 둥 마는 둥이었다. 당장 본인과 회사가 입을 피해만 생각한 나머지 "예, 예" 하며 건성으로 답하는 것 같았다.

그로부터 1년여 뒤 어느 날, K사장이 힘이 하나도 없는 목소리로 전화를 걸어왔다. 성 관련 사고가 연달아 터졌는데, 하나는 상급자가 하급자를 성추행한 것이고, 다른 하나는 역으로 하급자가 상급자를 성희롱한 것이라고 했다. C교수는 '올 게 왔다'는 생각이 들었다. 그동안 회사의 사정을 잘 아는 주변 사람들로부터 회사 내부에 만연한 성 관련 문제에 대해 익히 들어서 알고 있었기 때문이다. 이성을 배려하는 문화를 조성하라고, 특히 관리자들의 의식을 개선하는 데 힘쓰라고 그렇게 강조했는데도 불구하고 아무런 조치를 취하지 않았던 것이다.

얼굴 빨개진 아르바이트생을 위하여

성 관련 사고는 남자들만 조심한다고 해결되지 않는다. "여자가 밤 늦게 돌아다니니까 그런 일을 당하지"라거나 "여자가 옷을 그렇게 입고 다니니 남자들이 쉽게 보는 거야"라는 식의 고리타분한 말을 하려는 게 아니다.

해외로 가족여행을 떠나던 때의 일이다. 인천공항 청사에서 새로 확장된 탑승동으로 이동하는 모노레일을 타고 가던 중 우리 가족이 앉은 맞은편에 모 면세점의 유니폼을 입은 직원들이 있었다. 여자 4명과 남자 1명. 여직원들은 젊은 사람 하나와 40대 초중반으로 보이는 셋이었고, 남직원은 물건을 나르거나 진열을 돕는 아르바이트생인 듯했다. 불과 5분이 되지 않는 동안, 나는 그들이 보이는 행위에 어안이 벙벙했다.

한 여직원이 남자 아르바이트생의 엉덩이를 툭 치면서 "어머, 얘 엉덩이 쫀쫀한 것 좀 봐"라고 말하는 것이었다. 그러자 다른 여직원이 "너, 그거 성희롱이야, 애"라더니 냉큼 손을 뻗어 아르바이트생의 엉덩이를 꽉 쥐고는 "근데 탄탄하긴 하다. 너 운동했니?"라고 묻는 것이었다. 마주 보고 있던 내가 인상을 찌푸렸지만 그들은 태연했다. 타인의 시선은 안중에도 없는 듯, 일상적인 행위라서 아무렇지 않은 듯 성적 농담과 터치를 멈추지 않았다. 앳돼 보이는 아르바이트생은 얼굴이 빨개져 어찌할 줄 몰랐고, 그들은 재미있다는 듯 깔깔거리며 웃었다.

째려보는 나를 보고 아내가 옆구리를 쿡쿡 찌르며 작은 소리로 말했다.

"왜? 불쾌해? 여자들은 반만 년째 당해온 일이야."

드물긴 하지만, 요즘에는 여성들이 남성을 괴롭히는 일이 심심찮게 벌어진다. 여성들의 역할 증대와 더불어 더 늘어날 가능성도 있다.

2018년 3월, 고용노동부의 익명 제보 창구가 문을 열자마자 1개월 사이에 제보된 직장 내 성희롱이 114건이었다고 한다. 한국형사정책연구원의 조사에 따르면 직장 여성의 50%가 성범죄의 위험에 노출되어 있으며, 여성노동단체에서 개설2017한 직장 내 고충상담 전화에 호소한 내용의 63.7%가 성희롱, 성폭행 등과 같은 성문제였다. 이 외에도 육아로 인한 경력단절, 육아 후 복직한 여성과 재직 중인 직원들의 갈등, 역할을 둘러싼 남녀의 갈등 등 각종 다양한 성 관련 이슈가 제기되었다. 특이한 점은 여성이나 동성이 가해자인 경우가 늘고 있다는 사실이다. 이에 대한 해석은 분분할 수 있지만, 어쨌거나 성문제를 새롭게 정의할 때가 된 것 같다. '성 역할과 차이에 대한 존중감감수성이 떨어지는 사람이 다른 사람에게 가하는 정신적, 물질적 피해'라고 말이다.

여기서 본질적인 질문을 던져보자. 왜 이런 문제가 계속해서 발생하는 것일까? 단적으로 말하면 잘 알지 못해서다. 알지 못하니 고치지 못하고 그러다 보니 비슷한 문제가 되풀이되는 것이다. 뜨거운 교육열로 학교 성적에 대해서는 그토록 집착하는 한국인들은 유독 이 문제에 대해서는 배우려고도 하지 않고 공론화하는 것조차 꺼려왔다. 늦었지만 이제부터라도 본격적인 학습과 공론화에 들어가야 한다.

최 이사가 북카페로 간 까닭은…

판교의 한 IT회사에서 경영지원본부장으로 일하는 최인철가명, 43세 남성 이사는 목요일마다 청담동 근처의 북카페를 방문한다. 책읽기 모임에 참여하기 위해서다. 한데 이 북카페는 단순한 북카페가 아니고, 그가 참여하는 모임 역시 명작이나 유행서적을 읽고 이야기하는 일반적인 독서모임이 아니다. 우리나라에서 거의 유일한 페미니즘 북카페로 페미니즘, 위안부, 성폭력, LGBT레즈비언Lesbian, 게이Gay, 양성애자Bisexual, 트랜스젠더Transgender 등에 관한 다양한 책과 자료를 보유하고 있고, 책읽기모임 또한 페미니즘 관련 도서를 읽고 주제 토론을 벌인다. 그가 바쁜 시간을 쪼개 이 모임에 참여하게 된 계기는 전년 가을에 일어난 사건 때문이었다.

그의 회사는 직원이 200명 남짓한 규모에 매출이나 영업이익도

스타트업의 수준을 훌쩍 뛰어넘어 중견기업을 향해 도약하는 시점에 있었다. 따라서 인력을 계속 충원할 필요가 생겼고, 한 주가 멀다 하고 면접을 보고 채용하는 일이 이어졌다. 그렇게 분주하게 돌아가던 어느 날, 고객의 불만사항을 접수하고 응대하는 고객센터에서 성희롱 사건이 일어났다. 진상조사와 징계위원회 소집을 맡게 된 최이사는 성희롱을 개인의 일탈행위로 규정하고 가해자인 센터장은 자진 퇴사, 피해자인 여직원 3명은 다른 부서로 이동하는 것으로 매듭을 지으려고 했다. 그런데 센터의 고참 여직원 둘이 면담을 요청해왔다. 성희롱 사건을 엄정하고 신속하게 처리한 것에 감사의 말을 하러 온 줄로 짐작한 최 이사에게 직원들이 꺼낸 이야기는 뜻밖이었다. 고객센터뿐만 아니라 개발실이나 지원부서에서도 성희롱이 심심찮게 벌어지고 있다는 것이었다. 새로 충원된 사람들 가운데 전에 다니던 회사에서 성폭력 문제로 해고된 이들이 있다는데 알고 있느냐고 묻기도 했다. 그뿐이 아니었다. 출산을 앞두고 있는 여직원들이 있는데, 회사가 어떻게 관리해줄 계획인지를 알려달라고 했다.

최 이사는 여직원들의 말에 아무런 대꾸도 할 수 없었다. 그저 원론적인 차원에서 '우리 회사는 여성 인력을 중시하고 모성보호 프로그램을 업계 최고 수준으로 끌어올리기 위해 노력하고 있습니다'라고만 했다. 내심 부끄러웠던 그는 그 길로 서점에 가서 양성평등과 성문제 관련 책들을 사고 페미니즘을 표방한 북카페를 찾아갔다.

요즘 우리 사회 곳곳에서 열리는 페미니즘 강좌나 학회, 모임 등에 가보면 최 이사와 같은 사람을 어렵지 않게 만날 수 있다. 지금까지 이렇다 할 연구 성과가 없었던 남성학에 대한 관심 역시 새롭게 생겨나고 있다.

아직 부족한 부분이 많지만 이러한 노력을 지속해나가야 한다. 그래서 그동안 잠들어 있던 절반의 잠재력을 발현시킬 수 있다면, 우리는 이제껏 한 번도 경험해보지 못한 새로운 활력이 넘치는 원팀이 되어 생산적이고 창의적인 직장, 사회, 국가를 만들어갈 수 있을 것이다.

다르지만 즐거운,
몰랐지만 놀라운

2014년 개봉하여 800만 명이 넘는 관람객을 끌어모은 한국 영화 〈수상한 그녀〉, 영국의 코미디언 사샤 바론 코언이 주연과 조연 그리고 각본까지 1인 3역을 맡아 전 세계에서 1억 8,000만 달러 이상의 흥행 수입을 거둔 할리우드 영화 〈독재자〉, 그리고 '세계에서 가장 많은 수입을 거둔 일본 만화영화'라는 기록을 남긴 천재 감독 신카이 마코토의 애니메이션 〈너의 이름은〉. 이 세 작품의 공통점은 무엇일까?

감독이나 배우들의 국적, 영화의 주제, 표현 방식, 장르 등이 모두 다른 세 작품의 공통점은 바로 '뒤바뀜'이다.

〈수상한 그녀〉는 노년의 설움을 겪던 오말순 할머니가 신비의 사진관에서 영정사진을 찍은 뒤 20대의 젊은 처녀 오두리로 변해 겪게 되는 좌충우돌 해프닝과 진한 가족애를 담은 영화다. 〈독재자〉는 가상의 왕국 와디야의 독재자였던 알라딘이 암살을 피하기 위해 고용한 비슷한 얼굴의 대역 에파와드 탓에 하루아침에 불법체류자 신세가 되면서 벌어지는 다양한 에피소드들을 다룬 영화다. 마지막으로 〈너의 이름은〉은 도시를 동경하는 시골 소녀 미츠하와 무미건조한 도쿄 생활에 찌든 도시 소년 타키가 꿈에서 서로 몸이 뒤바뀌며 벌어지는 일들을 담은 애니메이션이다.

세 작품의 공통점은 또 있다. 바로 '이해'다. 스토리의 주요 흐름은 뒤바뀜이 끌고 나가지만, 뒤바뀜을 통해 영화 속 주인공들은 이제껏 알지 못했던 사람과 세상을 알게 되고, 그러한 이해를 바탕으로 공감하고 소통하며 더 나은 미래를 만들어나간다.

현실의 우리는 어떤가? 영화와는 딴판이다(그래서 이런 영화들이 만들어지는 것이겠지만). 나이든 사람이 젊은 사람의 몸으로 바뀌어 젊은이들의 생활과 문화를 이해하는 것, 여자와 남자가 뒤바뀌어 서로 다른 성별의 삶을 이해하는 것, 독재자가 불법체류자가 되어 평민의 생활을 이해하는 것, 그 무엇 하나 가능해 보이는 것이 없다.

그러나 우리 인간에게는 놀라운 '특권'이 있다. '공감과 소통'이라는 능력이다. 비록 현실의 나는 타고난 성별과 살아온 나이, 정해진 자리에 머물러 있지만, 머리와 가슴으로는 나와 다른 존재의 삶을 얼마든지 이해하고 교감할 수 있다.

남성과 여성은 다르다.
남성과 여성은 당연히 다르다.
남성과 여성은 당연히, 확연하게 다르다.
그렇기에 그(녀)가 생각하는 것, 말하는 것, 쓰는 것, 일하는 것을 이해하기 어려운 것이다. 이야기를 나눌수록 차이점만 더 부각되기도 한다. 영화에서처럼 서로 몸이 뒤바뀌지 않는 이상 서로를 이해할

───

수 없을 것 같은 좌절감에 빠질 때도 있다. 하지만 우리가 '인간으로서의 특권'을 제대로 활용한다면 쉽지 않은 현실의 관계를 바꾸어나갈 수 있다. 서로의 다름을 인정하되 그 다름이 불편함이나 갈등으로 변질되지 않도록 마음을 열어 소통하고, 서로에게 공감하기 위한 노력을 멈추지 않는다면 함께 일하는 즐거움과 더불어 이제껏 경험하지 못한 놀라운 성취를 이루어낼 수 있다.

그렇게 우리가 우리를 더 큰 우리로 만들어가기를 바란다. 그래서 미래의 어느 날, 아마조네스에게 보내는 편지에 우리가 힘을 모아 이룬 빛나는 성과와 성장의 이야기를 가득 담을 수 있기를 소망한다.

참고자료

- Alison Beard, 'Women respond better than men to competitive pressure', Harvard Business Review, Nov.-Dec.2017
- Andrea S. Kramer, 'Why Women Feel More Stress at Work', Harvard Business Review, Jul.-Aug.2016
- Carolyn Gregoire, 'This Common Mental Shortcut Can Lead To Bad Decision-Making', Huffpost, 4. Apr. 2017
- Charkoudian, L. and E. K. Wayne, 'Fairness, Understanding, and Satisfaction: Impact of Mediator and Participant Race and Gender on Participant's Perception of Mediation',Conflict Resolution Quarterly, vol. 28, no. 1.2009
- Charles Dallet, 《Histoire de l'Église de Corée : précédée d'une introduction sur l'histoire, les institutions. Tome 1:, la langue, les moeurs et coutumes coréennes》, Hachette Livre BNF, 2013
- David W. Augsburger, 《Conflict Mediation Across Cultures : Pathways and Patterns》, Westminster John Knox Press, 1995
- Delia Baldassarri, 《The Simple Art of Voting》, Oxford University Press, 2012
- James Damore, 'Google's Ideological Echo Chamber', GIZMODO, 2017
- Locke, John L., 《Why We Don't Talk to Each Other Anymore》, Touchstone Books, 1999
- Mark C. Crowley, 'How SAS Became The World's Best Place To Work', Factcompany Website, 2001
- OECD,'Dare to Share :Germany's experience Promoting Equal Partnership in Families', OECD Publishing, 2017

- Parker, Ashley, 'Karen Pence is the vice president's 'prayer warrior', gut check and shield', The Washington Post, 28. Mar. 2017
- Rebecca Bernstein, 'Business Psychology : Golem Effect vs. Pygmalion Effect', Management News, 14 Dec.2017
- Sakiko Fukuda-Parr, 'Human Development Report 2002 : Deepening democracy in a fragmented world', UNDP, 2002
- Schruijer, S. G. L. and I. Mostert, 'Creativity and Sex Composition : An Experimental Illustration', European Journal of Work and Organizational Psychology, 6, 175-182, 1997
- W.Brad Johnson, 《Athena Rising:How and Why Men Should Mentor Women》, Routledge, 2018
- Wood, W., 'Meta-Analytic Review of Sex Differences in Group Performance' Psychological Bulletin, 102, 53-71.1987

- 藤枝静暁, 相川充, '小学校における学級単位の社会的スキル訓練の効果に関する実験的検討', 教育心理学研究49巻3号, 2001
- 別冊寶島編集部, 《ゲバラ100の言葉日常に變革をもたらすための心得》, 寶島社, 2016
- 朝日新聞編輯局, '東京医大前理事長ら 「合格の謝礼は数十万円〜数百万円」', 朝日新聞, 2018. 8. 17

- 거스 히딩크, 《마이 웨이》, 조선일보사, 2002
- 경제협력개발기구, '양성평등으로 가는 길 : 힘겨운 여정', 경제협력개발기구 정책보고서, 2017
- 고용노동부, '호봉제 도입 현황(상시근로자수 100인 이상 대상 사업장)', 임금근로시간 정보시스템 웹사이트. 2016
- 곽정수, '한국기업 회의문화 45점 '낙제' 수준', 한겨레신문, 2017. 2. 26
- 국립국어원, '성차별적 언어 표현 사례 조사 및 대안 마련을 위한 연구 보고서 발간', 국립국어원 보도자료, 2008

- 국수경·이윤희·김난희,《여자의 수다는 비즈니스다》, 랜덤하우스코리아, 2007
- 권태호, '미국 '일하고 싶은 직장 1위' SAS 가보니…', 한겨레신문, 2010. 5. 13
- 김광수·김아중,《감정 커뮤니케이션》, 한나래출판사, 2008
- 김명희, '벤츠 여검사 사건 폭로한 진정인 女강사 & 최 변호사 주변 입체 취재', 여성동아(제577호), 2012. 1
- 김보람, '잘나가는 회사는 어떻게 회의할까', 한경매거진(제987호), 2014
- 김상목, '회의 50% 축소, 회의 質 개선에 달려 있다', 포스코 경영연구소 POSRI, 2012
- 김지현, '남성 가사분담률 OECD 최하위… 아이 키우는 부부 29%만 맞벌이', 한국일보, 2017. 7. 3
- 김진경, '여의사, S라인도 성차별적 표현', 중앙일보, 2008. 5. 2
- 김청우, '김춘수 〈꽃〉의 인지시학적 연구', 전남대학교 한국어문학연구소 語文論叢 27호, 95-117, 2015
- 김태홍,《여성 고용구조의 변화와 향후 정책방향》, 한국 여성 개발원, 2000
- 나길회, '〈新 차이나 리포트〉 중국판 골드미스 성뉘 vs 쿵훈쭈 결혼 두려운 남자', 서울신문, 2010. 8. 3
- 대한민국 통계청, '2013년 혼인 이혼 통계', 통계청 웹사이트, 2014
- 대한민국 통계청, '성/연령별 경제활동인구 비율', 통계청 웹사이트, 2018
- 댄 킨들런,《알파걸 : 새로운 여자의 탄생》, 미래의창, 2007
- 데이비드 A. 프라이스,《픽사 이야기 : 시대를 뒤흔든 창조산업의 산실, 픽사의 끝없는 도전과 성공》, 흐름출판, 2010.
- 라양균, '영아의 사회, 정서 능력과 기질 및 애착 간의 관계 연구', 전북대학교 대학원 박사학위논문, 2006
- 몽테스키외,《법의 정신》, 문예출판사, 2015
- 박동운, '호봉제가 잘못된 5가지 이유, 성과연봉제를 해야 하는 4가지 이유', 조선pub, 2016
- 박미숙, '독점 리포트- 육아가 승진의 걸림돌이라고? 가장 큰 적은 여성 자신', 월간중앙(제201304호), 2013. 4
- 박석원, '초식남에 질린 日 여성, 프로 스포츠에 열광?', 한국일보, 2015. 8. 27

- 박원순·지승호, 《희망을 심다》, ALMA, 2011
- 버지니아 M. 액슬린, 《딥스 : 세상에 마음을 닫았던 한 소년이 자아를 찾아 떠나는 여행》, 샘터사, 2011
- 브라이언 타이어니, 시드니 페인터, 《서양 중세사 : 유럽의 형성과 발전》, 집문당, 1997
- 신원무, '인력의 다양성이 글로벌 경쟁력 되고 있다', LG Business Insight Weekly 포커스, 20090930-107, 39-46, 2009
- 아서 코난 도일, 《네 사람의 서명》, 코너스톤, 2016
- 양문희·강형철, '텔레비전 드라마의 직장 내 여성 관리자 및 경영자 묘사에 대한 연구', 한국언론학보 49권 5호, 95-123, 2005
- 양태자, 《중세의 잔혹사 마녀사냥》, 이랑, 2015
- 여성가족부, '〈일-가정 양립〉 약속과 실천, 가족 행복의 첫걸음입니다', 여성가족부 보도자료, 2017
- 여성고용정책과, '직장 내 성희롱 익명 신고 114건 접수', 고용노동부 보도자료, 2018
- 여성신문 편집국, '서울대 우 조교 5년 만에 '승소'', 여성신문, 2005. 5. 12
- 오성경, '아동의 애착 유형에 따른 정서조절 능력 및 사회적 유능감의 차이', 숙명여자대학교 대학원 석사논문, 2011
- 윤승준, 《하룻밤에 읽는 유럽사》, 알에이치코리아, 2012
- 이정숙, '성공 대화의 원칙, '남녀 대화 차이를 이해해라'', 데일리노컷뉴스, 2007. 5. 2
- 이정숙, 《마음을 읽어주는 유쾌한 남녀 대화법》, 나무생각, 2011
- 이지혜, '직장 내 성희롱, 익명 신고만 해도 실태조사 나선다', 한겨레신문, 2018. 4. 19
- 이진구·구가인, '직장인 성희롱의 시작 '미스김은 내 옆에 앉지'', 동아일보, 2013. 10. 11
- 일연, 《삼국유사》, 민음사, 2014
- 장 코르미에, 《체 게바라 평전》, 실천문학사, 2011
- 존 카트너, 《조증 : 성공한 사람들이 숨기고 있는 기질》, 살림Biz, 2008

- 채병건, '서울대 우 조교 성희롱 사건 진행 과정', 중앙일보, 1999. 6. 26
- 페르난도 D. 가르시아 외, 《체 게바라, 한 혁명가의 초상》, 서해문집, 2001
- 한국성폭력상담소, '2017년 한국성폭력상담소 상담 통계 및 상담 동향 분석', 한국성폭력상담소 웹사이트, 2018
- 한국여성노동자회, '성별 직업 분리 실태와 변화 추이', 한국여성노동자회 웹진, 2002
- 한동일, 《법으로 읽는 유럽사》, 글항아리, 2018
- 한진, '회식문화, 이렇게 바꿔보세요', 중앙일보, 2014. 12. 2
- 행정안전부, '2015년 6월 기준 주민등록 인구통계', 행정안전부 웹사이트, 2015
- 허완, '캐나다 내각이 남녀 5 : 5로 구성된 이유에 대한 트뤼도 총리의 완벽한 대답', 허핑턴포스트, 2015. 11. 5